28/6/08

Liebe Michi.

Stefan Zweig hat Wien geliebt.

Wenn ich Stefan Zweig [illegible] und

dir Wien, dann geht das [illegible] dir

genauso

[illegible]

stefan zweig
und
wien

stefan zweig und wien

TEXT VON
CATHERINE SAUVAT

FOTOS VON
HÉLÈNE MOULONGUET

ÜBERSETZT VON
SYLVIA STRASSER

GERSTENBERG VERLAG

Stefan Zweig
Passfotos, aufgenommen
in London 1940.

inhalt

ein ſchwer faſſliches Leben

»Ich glaube (...), man denkt sich die Wiener Litteratur im Ausland als einen großen Caféhaustisch, um den wir alle herumsitzen tag (sic!) für Tag«, schreibt Stefan Zweig im März 1903 an Hermann Hesse *(Briefe 1897-1914)*. Der 21-Jährige hat sich zu dem Zeitpunkt durch die Publikation eines Gedichtbands und die Mitarbeit bei der führenden Wiener Tageszeitung *Neue Freie Presse* schon einen gewissen Namen gemacht, genießt unter den älteren Schriftstellern jedoch keine richtige Anerkennung. An dem großen Kaffeehaustisch, um den Arthur Schnitzler, Hermann Bahr, Richard Beer-Hofmann und andere Vertreter des »jungen Wien« *(Die Welt von Gestern)* sich versammeln, ist Stefan Zweig gewöhnlich nicht zu sehen. Dass man seinen Werken nach seinen eigenen Worten »Colportagetendenzen vorwirft« (*Tagebücher,* Eintrag vom 27.10.1912), trägt nicht gerade dazu bei, sein literarisches Ansehen zu heben. Dennoch (oder vielleicht gerade deshalb?) sollte er sich mit seinen Büchern, die in mehr als fünfzig Sprachen übersetzt wurden und Millionenauflagen erreichten, ein treues, begeistertes Publikum erobern.

SEELISCHE ERSCHÜTTERUNGEN

Heute ist die Annäherung an Stefan Zweig eine etwas andere. Vor dem Hintergrund des scheinbaren Widerspruchs zwischen seinem Erfolg (er ist einer der meistgelesenen deutschsprachigen Schriftsteller) und seinem Ruf als Trivialautor ist man um eine Neubewertung seines Werkes bemüht und betrachtet es jetzt in seiner Gesamtheit. Denn letztlich ist es unerheblich, ob man Zweig als Biografen, Novellisten, Poeten, Übersetzer oder Theaterautor heranzieht: Sein zentrales Bestreben in all seinen Schriften war es stets, die Abgründe der menschlichen Seele auszuleuchten. Trotz eines oft altmodischen Stils, trotz der innerlich zerrissenen, an unbezwinglichen, fast unzeitgemäßen

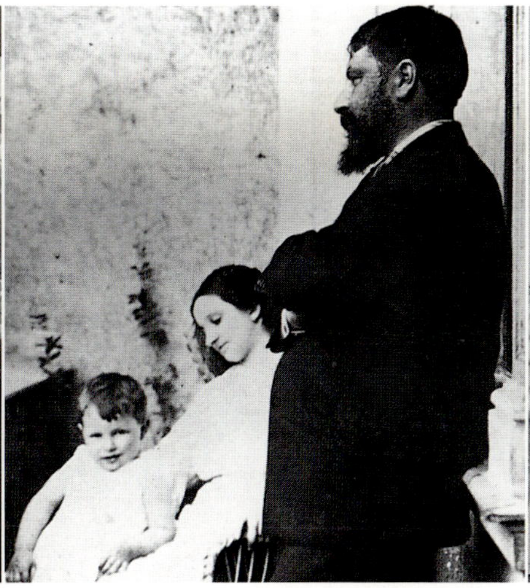

Von links nach rechts:
Hermann Bahr
(1863–1934), um 1910
»Schlohweiß der Bart, die Stirne frei vom zurücktretenden, wild aufgeschichteten Haar.« So beschreibt Zweig diesen Autor, der über hundert Werke publizierte (*Tagebücher,* Eintrag vom 03.10.1912).

Arthur Schnitzler
(1862–1931), um 1905
Einen skeptischen Beobachter seiner Zeit nennt Hofmannsthal ihn einmal. Er begegnet Zweig stets reserviert, ja sogar argwöhnisch.

Hermann Hesse
(1877–1962), um 1929
Hesse und Zweig stehen viele Jahre in regem Briefwechsel. Zu persönlichen Begegnungen kommt es nur selten.

Gefühlswallungen leidenden Helden sind seine Texte durchaus modern in ihrer Aussagekraft. Die Lektüre hinterlässt aufgrund dieses scheinbaren Widerspruchs beim Leser eine gewisse nostalgische Sehnsucht. Stefan Zweigs Bücher sind wie kleine, halb geöffnete Türen, die einen Blick gewähren auf ein verborgenes seelisches Universum, Türen, durch die ein wenig Licht auf eine beängstigende Finsternis fällt. Die junge Frau aus gutbürgerlichen Kreisen, die ihren Ehemann betrügt, das in seinen Herrn verliebte Dienstmädchen, das in seiner grenzenlosen Ergebenheit nicht vor einem Mord zurückschreckt, der homosexuelle Professor, dem ein leidenschaftlicher Schüler die Sinne verwirrt, der Offizier, der machtlos ist angesichts der Liebe einer jungen Gelähmten, der gelangweilte Adlige, der eines Nachts im Park seine seelischen Hemmungen abwirft – sie alle sprechen die gleiche Sprache, nämlich die ihrer geheimsten inneren Regungen. »Tu auf dich, Unterwelt der Leidenschaften«, lautet der Anfang eines Gedichts, das dem Novellenband *Amok* vorangestellt ist. Flammende Worte, die, wenngleich kitschig verbrämt, etwas Anrührendes haben. Unmerklich entfalten sich Charme und Geist einer Kultur der Empfindungen.

DIE LEIDEN EINES INTELLEKTUELLEN

Stefan Zweig ist das Idealbild des Intellektuellen seiner Zeit: vornehm, gebildet, weltoffen. Wer über ihn schreibt, vergisst nie, seine hervorragende Erziehung, seine Kultiviertheit, seine stets korrekte, liebenswerte, aber distanzierte Art zu erwähnen. Er stammt aus reichem Haus, was Joseph Roth zu der leicht verächtlichen Bemerkung veranlasst: »Sie sind (...) einer von den Gesegneten« (zitiert in David Bronsen, *Joseph Roth*). Karl Kraus, der geniale Polemiker, wird in der Zeitschrift *Die Fackel* genüsslich ein Porträt Zweigs wiedergeben (und bissig kommentieren), das Leo Feld in *Der Merker* veröffentlicht hatte: »Dieser schmale, elegante, junge Mensch, mit dem nervösen feinen Gesicht, von dem man nicht weiß, ob es einem Lyriker oder einem Bankbeamten gehört, dieses gehetzte, gierige Temperament, das die verbindliche Nettigkeit des guterzogenen Wiener Bürgersohnes niemals vergißt, angefüllt mit künstlerischen, politischen, wissenschaftlichen, industriellen Interessen, heute in Kanada, morgen in Mariazell, jetzt um eine große Dichtung der Vergangenheit bemüht, in ein paar Tagen in das Studium des Panamakanals vertieft, dichtend, musizierend, philosophierend, einen großen Verlag mit glänzenden Ideen fördernd, Leitartikler und Lyriker, Romanist und Dramatiker fürs Kino (...) – was hat dieser Stefan Zweig bereits gewirkt, geschafft, gelebt!« Und Karl Kraus spottet: »Gott wie talentvoll sind doch diese Leute, wenn sie zugleich Geld für alles haben!« (zitiert in *Die Fackel,* Nr. 366/367 vom 11.01.1913).

Von links nach rechts:
Karl Kraus (1874–1936)
Das Porträt des großen Satirikers, der in seiner Zeitschrift *Die Fackel* für die Reinheit der Sprache kämpft, hat Oskar Kokoschka gemalt. Klimt und Hofmannsthal lehnt er ihres ornamentalen Stils und ihres Gefühlsüberschwangs wegen ab, er bewundert aber neben Kokoschka Loos und Altenberg.
Österreichische Galerie, Wien.

Carl Zuckmayer
(1896–1977)
Das von Lotte Jacobi um 1930 aufgenommene Foto zeigt den Schriftsteller mit Alice Herdan und den gemeinsamen Kindern.

Joseph Roth (1894–1939)
Der Schriftsteller schildert in seinen Romanen *Radetzkymarsch* und *Die Kapuzinergruft* das Schicksal einer Familie unter der Donaumonarchie.

SÜSSE MELANCHOLIE

Fotos zeigen Stefan Zweig als einen Mann von Welt. Er scheint sich gerne für Porträts zur Verfügung zu stellen. Er posiert ungezwungen, wenn auch untergründig ein wenig nervös, seine funkelnden Augen blicken spöttisch, unbefangen und eindringlich zugleich. Die leicht hochgezogenen Brauen signalisieren amüsierte Nachdenklichkeit und Selbstironie. Der stets besonnene Gesichtsausdruck spiegelt eine tiefe Traurigkeit wider. Zweig wirkt abwesend, als weile er in einer anderen Epoche. Auf die Frage, was sein Kollege ihm denn erzählt habe, antwortete Carl Zuckmayer einmal: »Den letzten Klatsch aus der Französischen Revolution« (zitiert in Renoldner et. al., *Stefan Zweig. Bilder, Texte, Dokumente*). Zweig arbeitete zu der Zeit gerade an seiner Biografie über Marie Antoinette. Er war zu jung für das Wien des ausgehenden 19. Jahrhunderts und zu alt für das neue Zeitalter, das durch den Krieg und den Untergang der Monarchie in die Brüche gehen sollte. Seine »Welt von Gestern«, so auch der Titel seiner Erinnerungen, gehört einer Epoche an, in der alles im Fluss begriffen und nichts von Dauer ist und sich jeder durchlaviert.

Wien, 23. Oktober 1909
Vorführung des Luftfahrtpioniers Louis Blériot auf der Rennbahn in Anwesenheit von Kaiser Franz Joseph I. Die Wiener drängen sich darum, diesen Triumph der Technik mitzuerleben.
Von Rudolf Konopa, Österreichische Nationalbibliothek, Wien.

Staatsbegräbnis für Zweig in Brasilien
Im Februar 1942 werden der österreichische Schriftsteller und seine Frau unter großer Anteilnahme der Öffentlichkeit und Glockengeläute auf dem Friedhof von Petrópolis beigesetzt.

EIN WIENER, GANZ EINDEUTIG EIN WIENER

Der in Wien geborene Zweig ist Wiener vom Naturell und vom Herzen her, ein Wiener, der seiner Stadt immer wieder den Rücken kehren, sie kritisieren, ja sogar hassen wird, dem ihr betörender Duft, das Frivole und Leichtsinnige aber ein Leben lang anhaften werden. »In Wien würde man dem Weltuntergang zuschaun wollen. Göttlicher ewiger Leichtsinn (...)«, notiert er 1915 in seinem Tagebuch *(Tagebücher)*. Ein hochstilisiertes Schauspiel, in dem die Rollen nach Belieben vertauscht werden könnten. Am Ende reichen die Schatten der makabren Inszenierung bis hinüber in sein brasilianisches Exil. Wiener zu sein, sagte Zweig einmal, sei für ihn wie eine Ouvertüre, wie das erste Stück Weg hin zu einem vereinten Europa, so wie es im Habsburgerreich zum Teil bereits verwirklicht worden war. Zeitlebens unternahm er Reisen in alle Welt, die ihm den Stoff für seine Bücher lieferten. Zweig fühlte sich überall zu Hause. In Brasilien war er besonders populär. Obgleich er sich eine Beisetzung in aller Stille gewünscht hatte, erhielt er ein Staatsbegräbnis. Rund viertausend Menschen folgten dem Sarg zum Friedhof von Petrópolis, und die Läden blieben zum Zeichen der Trauer geschlossen. In Zweigs Haus wurde ein Museum eingerichtet, und er und seine zweite Frau Lotte fanden ihre letzte Ruhestätte neben dem Grab von Kaiser Pedro II.

Franz Joseph I. (1830–1916)

»Mir bleibt wirklich nichts erspart.« Mit diesem Ausspruch reagierte der Monarch, dessen Herrschaft 68 Jahre andauerte, auf Schicksalsschläge: die Ermordung seines Bruders Maximilian in Mexiko, das tödliche Genfer Attentat auf seine Gemahlin Elisabeth, den Selbstmord seines Sohnes Rudolf in Mayerling. Aber keines dieser Ereignisse konnte den fortschrittsfeindlichen Bürokraten, der die beginnenden Zerfallserscheinungen seines Reichs nicht wahrhaben wollte, an der Fortsetzung seines rigiden politischen Kurses hindern. »Österreich war ein alter Staat, von einem greisen Kaiser beherrscht, von alten Ministern regiert, ein Staat, der ohne Ambition einzig hoffte, sich durch Abwehr aller radikalen Veränderungen im europäischen Raume unversehrt zu erhalten«, stellt Zweig in *Die Welt von Gestern* fest. Franz Joseph, der auf die Anrede »Seine apostolische Majestät, unser allergnädigster Kaiser und Herr« Wert legt, ist Kaiser von Österreich, König von Ungarn und Träger einer ganzen Reihe weiterer Adelstitel. Ob Symbol oder Relikt: Die glorifizierte Person des Kaisers ist Garant der Einheit des Reichs als letztem Bollwerk gegen den allenthalben sich manifestierenden Verfall von Sitte und Moral.

Oben:
Kaiser Franz Joseph I.
(1914)
Der oberste Bürokrat des Reichs lässt sich in der Uniform eines einfachen Oberleutnants fotografieren. Eine schlichte Lebensweise und strenge Arbeitsmoral bestimmen das Leben des Monarchen.

Linke Seite:
Am Café Sirk
von Maximilian Lenz, 1900.
Ob am Graben oder am Ring, im Prater oder rings um Schönbrunn, um das Palais Liechtenstein oder das Palais Schwarzenberg – es gibt zahlreiche Möglichkeiten zum Flanieren.
Historisches Museum der Stadt Wien.

Rechte Seite:
Die Brüder Zweig
Die Aufnahme zeigt den siebenjährigen Alfred und den fünfjährigen Stefan.

Zweigs Eltern
Ida und Moritz Zweig, zwei sehr unterschiedliche Persönlichkeiten.

EINE INTERNATIONALE FAMILIE

1940 hält Zweig einen Vortrag, in dem er über die kulturelle Vielfalt seiner Heimatstadt spricht: »Weil aus sovielen fremden Elementen bestehend, wurde Wien der ideale Nährboden für eine gemeinsame Kultur« *(Das Wien von Gestern).* In diesen Schmelztiegel wird Stefan Zweig am 28. November 1881 hineingeboren. Seine Vorfahren väterlicherseits stammen aus Mähren, der Vater, Moritz, ist in Böhmen geboren, die Mutter, Ida, in Süditalien. Zu Hause wird Deutsch, Italienisch, Englisch und Französisch gesprochen. Der Vater spielt ausgezeichnet Klavier, die Mutter, eine dünkelhafte Frau, liebt das gesellschaftliche Leben. Die Zweigs gehören dem wohlhabenden jüdischen Bürgertum an. Stefan Zweigs Geburtshaus am Schottenring 14 liegt, ebenso wie die spätere Wohnung in der Rathausstraße 17, in einem der vornehmen Wiener Viertel, und den Urlaub verbringt die Familie alljährlich in Marienbad oder einem ähnlich mondänen Ferienort. In seiner Autobiografie beschreibt Stefan Zweig diese Epoche als »das goldene Zeitalter der Sicherheit«: »Alles stand in diesem weiten Reiche fest und unverrückbar an seiner Stelle (...). Dieses Gefühl der Sicherheit war der anstrebenswerteste Besitz von Millionen, das gemeinsame Lebensideal.« Der Glaube an den Fortschritt beherrscht die Arbeitswelt. Moritz Zweig, der eine gut gehende Textilfabrik besitzt, hat es zu beträchtlichem Wohlstand gebracht, neigt aber nicht dazu, seinen Reichtum protzig zur Schau zu stellen. »(...) noch als Millionär hat mein Vater noch nie eine Importe geraucht, sondern – wie Kaiser Franz Joseph seine billige Virginia – die einfache ärarische Trabuco (...). Unbeugsam hielt er an seiner Zurückhaltung, seinem behaglichen aber diskreten Leben fest«, erzählt Zweig in *Die Welt von Gestern.*

Die Mutter ist genau das Gegenteil. Sie bezieht ihren ganzen Stolz aus der Tatsache, einer guten Familie zu entstammen (ihr Vater war Bankier des Vatikan), und achtet sehr darauf, ihre gesellschaftliche Stellung zu wahren. Ein Hang zu exquisiter Garderobe und eine gewisse Oberflächlichkeit vervollständigen des Bild einer auf den äußeren Schein und gesellschaftliche Anerkennung bedachten Frau. Einig sind sich die sonst so unterschiedlichen Eheleute immerhin darin, dass sich die Erziehung ihrer Söhne Alfred und des zwei Jahre jüngeren Stefan an bürgerlichen Werten und strengen Konventionen orientieren soll.

Ein Heurigenlokal
Eine kleine Pause in einem gemütlichen Lokal bei Musik, jungem Wein und guter Laune.

Im Prater
Spaziermöglichkeiten, Restaurants, Attraktionen und andere Vergnügen bietet der Prater.

Dorotheergasse
Hier liegt ganz versteckt eines der ältesten Wiener Kaffeehäuser, das Café Hawelka.

Blick über die Dächer von Wien
Auf den Anhöhen rings um die Stadt wechseln sich Weinberge und Felder ab.

Die Walzertänzer
(Detail)
von Emmanuel de Moratti, 1994. Eine abstrakt anmutende Impression …

Kaisergruft
Die Kapuzinergruft ist die Grablege der Habsburger.

Vorhergehende Doppelseite:
Im Burggarten
Im Park gegenüber dem Theater scheint die Zeit stillzustehen.

Oben:
Der Volksgarten
Den Nachbau des griechischen Theseus-Tempels hat Pietro Nobile geschaffen. Hier spielt immer irgendwo eine Musikkapelle.

Rechte Seite:
Winterliche Spiele im Prater

SÄBEL-GERASSEL

Da der ältere Bruder in die väterlichen Fußstapfen tritt, kann sich Stefan Zweig einem Studium seiner Wahl widmen. Er entscheidet sich für Philosophie und Literaturgeschichte. Bereits als 14-Jähriger hat er Gedichte veröffentlicht, und als er zwanzig ist, erscheint sein erster Gedichtband, *Silberne Saiten.* Ein Jahr später steht sein Name auf der Titelseite des angesehenen Feuilletons der Wiener Zeitung *Neue Freie Presse,* »dem Orakel (seiner) Väter«: »Wer auf der ersten Seite schrieb, hatte seinen Namen für Wien in Marmor gegraben.« Der »Gefahr, eine angesehene, lokale Respektperson« *(Die Welt von Gestern)* zu werden, auf die alle die Blicke geheftet haben, entgeht er, indem er sein Studium in Berlin fortsetzt. Das Leben dort unterliegt einem anderen, aufregenden Rhythmus, und Zweig lernt Leute aus den unterschiedlichsten Milieus, auch aus sozialen Randgruppen, kennen. So freundet er sich mit E. M. Lilien an, einem aus Galizien stammenden Künstler, der ein Exlibris für ihn entwerfen sollte. Die Zeichnung fängt erstaunlich gut einen Aspekt seiner Persönlichkeit ein. Sie zeigt einen nackten Jüngling, der halb fasziniert, halb furchtsam zu einem auf einer Anhöhe gelegenen Tempel aufblickt und das Dickicht zur Seite drückt, damit das Licht freie Bahn hat. Hier feuriger Elan, dort Wirklichkeit, hier lyrische Ambitionen und erotisches Verlangen, dort das hemmende Hindernis: Die Illustration bedient sich einer perfekten Allegorie.

In Berlin findet Zweig eine »ungezwungene, unkontrollierte Form der Existenz«: »Ich glaube, ich habe in zehn Jahren nicht so viel geistiger Geselligkeit gefrönt wie in diesem einen knappen Semester in Berlin, dem ersten der vollkommenen Freiheit« *(Die Welt von Gestern).* Einem Rat des Schriftstellers Richard Dehmel folgend, beginnt er, zu Übungszwecken sozusagen, Werke anderer Autoren ins Deutsche zu übertragen und übersetzt Yeats, Verlaine, Baudelaire sowie den damals fast unbekannten Emile Verhaeren, der eine wichtige Rolle in seinem Leben spielen sollte. Im Sommer 1902 begegnet er dem Schriftsteller in Brüssel zum ersten Mal und ist sofort angetan von seinem »klaren, gütigen Blick« *(Die Welt von Gestern).* Er bewundert vor allem seine Vitalität, seine Begeisterungsfähigkeit für die Gegenwart und deren poetische Umsetzung. Er sieht in Verhaeren den Humanisten schlechthin, einen Streiter für eine neue, inspirierte Form der Lyrik. Es scheint, als sei der junge Zweig der ästheti-

Ephraim Moses Lilien
(1874–1925), 1901
Der Zeichner und Grafiker ist ein typischer Vertreter des Jugendstils. Zweig hat ihn im Café am Berliner Nollendorfplatz kennen gelernt.

Exlibris
1902 entwirft Lilien nicht nur dieses Exlibris, sondern auch das Monogramm, das Zweig seitdem als Briefkopfsignet dient.

Auguste Rodin
(1840–1917)
Verhaeren nimmt Zweig in das Pariser Atelier des Bildhauers mit, der ihn daraufhin zum Essen einlädt.

Rainer Maria Rilke
(1875–1926), um 1923
Zweig und Rilke führen auf ihren Spaziergängen in Paris manches anregende Gespräch.

Richard Dehmel
(1863–1920)
gemalt von Max Liebermann, 1909. Der impressionistische Dichter und Gründer der Zeitschrift *Pan* pflegt einen ornamental symbolistischen Stil.
Kunsthalle Hamburg.

Burgtheater (Detail)
von Johann Warrone, 1891. Das nach klassischem Vorbild erbaute kaiserliche Theater ist für die Wiener immer Anziehungspunkt gewesen.

sierenden Wiener Dekadenz überdrüssig und beabsichtige, sich einer bodenständigeren Spiritualität zuzuwenden. Nichtsdestoweniger kehrt er erst einmal nach Wien zurück und beendet seine Dissertation über *Die Philosophie des Hippolyte Taine*. Das Thema deutet vielleicht bereits auf seine späteren historischen Biografien berühmter Persönlichkeiten voraus.

REISEN UND MEHR

1904, nach bestandener Prüfung, fährt Zweig nach Paris, jene magische, »selig beschwingte« Stadt, die er sich »als Geschenk versprochen« hat *(Die Welt von Gestern)* und die er unermüdlich zu Fuß durchstreift. Weitere Reisen führen ihn auf die Île de Bréhat, nach Italien, Belgien, Spanien und London. In eben diesem Jahr erscheint auch sein erster Novellenband, *Die Liebe der Erika Ewald*. Er arbeitet viel, steht in regem Briefwechsel mit diversen Freunden, darunter Hermann Hesse, und macht die Bekanntschaft zahlreicher namhafter Persönlichkeiten: Léon Bazalgette, Auguste Rodin, den er in seinem Atelier bei der Arbeit an einer Skulptur beobachten darf, Rainer Maria Rilke, dem er das Grab André Chéniers auf dem Friedhof Picpus zeigt. Nachdem er Europa erkundet hat, folgt 1908 eine lange Rundreise durch Indien, Ceylon und Birma, Länder, deren Armut ihn schockiert. Nordamerika besucht er »aus keiner anderen Absicht, als die Welt zu sehen« *(Die Welt von Gestern)*, und reist von dort weiter zu den Antillen und nach Kuba. Inzwischen hat er eine Monografie über Verlaine und einen Gedichtband, *Die frühen Kränze*, veröffentlicht und das Versdrama *Tersites* geschrieben, das nach langen Verwicklungen 1908 in Dresden und Kassel uraufgeführt wird, sowie (1911) das Schauspiel *Das Haus am Meer*, dessen Premiere im darauffolgenden Jahr am Wiener Burgtheater stattfindet. »(Dort) gespielt zu werden, war der höchste Traum jedes Wiener Schriftstellers, weil es eine Art lebenslangen Adels bedeutete und eine Reihe von Ehrungen in sich schloß (...); man war eben Gast in einem kaiserlichen Hause geworden, und ich erinnere mich noch an die feierliche Art, mit der meine eigene Einbeziehung geschah« *(Die Welt von Gestern)*.

Oben:
Arthur Schnitzler (1862–1931), um 1910
»Ich fürchte nur, Sie verwöhnen mich (mit Ihren schönen Briefen) – denn was werd ich glauben müssen, wenn einmal so ein Brief ausbleibt?« *(Briefwechsel)*, schrieb Schnitzler 1914 an Zweig.

Rechts oben:
Felix Salten (1869–1945)
Romanschriftsteller, Kinderbuchautor und Feuilletonist für verschiedene Zeitungen. Sammlung AKG, Berlin.

Rechts unten:
Hugo von Hofmannsthal (1874–1929), um 1925
Der berühmte Dichter lässt sich 1901 in Rodaun bei Wien nieder.

Rechte Seite:
Café Griensteidl
(Ausschnitt)
von Reinhold Volkel, 1896.
In dem berühmten Literatencafé wurde die Gruppe Jung Wien gegründet. Historisches Museum der Stadt Wien.

»In unserer eigenen Stadt entstand über Nacht die Gruppe des ›jungen Wien‹ mit Arthur Schnitzler, Hermann Bahr, Richard Beer-Hofmann, Peter Altenberg, in denen die spezifisch österreichische Kultur durch eine Verfeinerung aller Kunstmittel zum erstenmal europäischen Ausdruck fand« *(Die Welt von Gestern)*. Die faszinierendste Gestalt aber ist der junge Hugo von Hofmannsthal, den Zweig im selben Abschnitt ein »wunderbares und einmaliges Phänomen« nennt. Erwähnen sollte man auch Felix Salten, der vor allem mit seiner Tiergeschichte *Bambi* bekannt wurde und angeblich der Autor erotischer Erinnerungen einer jungen Frau in Wien ist, sowie Leopold von Andrian-Werburg, Enkel des Komponisten Meyerbeer und ein enger Freund Hofmannsthals. Dieser elitäre literarische Zirkel besteht etwa von 1890 bis 1900. Ihm liegt als künstlerische Konzeption sprachliche und stilistische Sorgfalt, eine Verpflichtung zur psychologischen und soziologischen Wahrheit und die Entwicklung einer spezifisch österreichischen Literatur zugrunde. Man trifft sich regelmäßig, meist täglich, im berühmten Café Griensteidl. Dieses wird 1897 abgerissen, was den Polemiker Karl Kraus, der sich zwischenzeitlich von der Gruppe getrennt hatte, zu einem grimmigen Pamphlet mit dem Titel *Die demolirte Literatur* veranlasste.

EIN STÄNDIGES KOMMEN UND GEHEN

Stefan Zweig kann selbst nicht recht glauben, wie viel Erfolg seinen beiden Stücken beschieden ist, fällt ihm doch das Schreiben nach eigenem Bekunden unendlich schwer. Es scheint, als hätte er Mühe, seine Literatur und sein Leben in Einklang zu bringen. Kurz vor seinem dreißigsten Geburtstag schreibt er an Emile Verhaeren, er sei jetzt in einem Alter, wo versuchen und herumprobieren nicht mehr erlaubt sei, jetzt müsse man etwas zustande bringen und vollenden. Dennoch kann er sich nicht zwischen seinen zahllosen Projekten entscheiden. Später wird er sich von allem, was er vor 1913 geschaffen und publiziert hat, distanzieren, so fremd ist ihm das eigene Werk geworden. Das von Verhaeren, das er ins Deutsche überträgt, ist ihm näher. Er stellt sich ganz in den Dienst des Dichters, wirbt für dessen Bücher, sucht Verleger und Theaterdirektoren für dessen Dramen zu begeistern. 1910 erscheint seine Monografie *Emile Verhaeren*. In gewisser Weise findet er durch die Großzügigkeit, die Loyalität, die tiefe Verehrung, die er dem belgischen Dichter gegenüber an den Tag legt, wieder zu persönlicheren Fragestellungen zurück.

Als bedeutsam sollte sich auch die Bekanntschaft mit Sigmund Freud erweisen, dem »Finder und Führer« *(Worte am Sarge Sigmund Freuds)*, mit dem er drei Jahrzehnte in Briefwechsel stehen und der ihn in seiner Suche nach den dunklen Seiten der Seele immer wieder bestärken wird, sowie die mit Romain Rolland, der ihm ein Leben lang ein wichtiger, enger Freund sein wird. »(...) hier war er, der Mann, der Dichter, der alle moralischen Kräfte ins Spiel brachte: liebende Erkenntnis und ehrlichen Willen zur Erkenntnis, geprüfte und gekelterte Gerechtigkeit und einen beschwingenden Glauben an die verbindende Mission der Kunst« *(Die Welt von Gestern)*. Zweig schätzt diese Eigenschaften umso mehr, als sie für ihn zu einem wahren Europäer gehören. Er nähert sich Rolland nicht in der ehrfürchtigen Haltung des Schülers: Es ist ein Austausch unter Ebenbürtigen.

Emile Verhaeren
Bei dem Bildhauer Charles van der Stappen, der ihn porträtiert, macht Zweig die Bekanntschaft des belgischen Dichters.

Emile Verhaeren

(1855–1916)

Verhaeren sehe überall nur Schönheit, sagte Zweig einmal, er liebe seine Zeit, weil sie ihre Kraft nicht vergeude oder verzettele, sondern auf das Wesentliche konzentriere. Zweig wird nicht müde, die mitreißende Leidenschaftlichkeit des flämischen Meisters zu rühmen. Verhaeren hat sich nach einer schweren seelischen Krise von seinem anfänglichen Naturalismus losgesagt und einem ungeschminkten Realismus zugewandt. Die Kräfte der Natur, aber auch des industriellen Zeitalters inspirieren ihn zu einer neuen Form der Lyrik, und in seiner Dichtung verherrlicht er Maschinen und technischen Fortschritt. Der mit dem Dichter Georges Rodenbach und dem Maler James Ensor befreundete Verhaeren wohnt im belgischen Caillou-qui-bique. Er stirbt an den Folgen eines tragischen Unfalls: In Rouen, wo er einen Vortrag halten soll, wird er von einem Zug erfasst. Die blinde Kraft einer jener von ihm so oft gerühmten Maschinen wurde ihm zum Verhängnis.

Links oben:
Zweig und Verhaeren
Im belgischen Caillou-qui-bique sowie in Saint-Cloud, wo Verhaeren einige Monate im Jahr wohnte, war Zweig über zehn Jahre lang regelmäßiger Gast.

Links unten:
Seltsame Masken
von James Ensor, 1892. Zweig beschreibt Ensor als »sehr sonderbaren, einsiedlerischen und verschlossenen Mann, der viel stolzer war auf die kleinen schlechten Polkas und Walzer, die er für Militärkapellen komponierte, als auf seine phantastischen, in schimmernden Farben entworfenen Gemälde« *(Die Welt von Gestern).*
Musées Royaux d'Art et d'Histoire, Brüssel.

SCHEINHEILIGKEIT UND DOPPELTE MORAL

Aufgewachsen in einer puritanischen Gesellschaft, in der – wie er schreibt – alles, was mit Sexualität zusammenhing, verschwiegen wurde, sollte Zweig in späteren Jahren ein eher freizügiges Liebesleben mit zahlreichen Affären haben. Seine »Episoden«, wie er sie in seinen Tagebüchern nennt, sind Zufallsbekanntschaften, flüchtige Abenteuer, die ihn ablenken, ihm über seine Ängste oder Depressionen hinweghelfen. Doch dann lernt er 1912 eine Frau kennen, mit der er eine andere Form der Beziehung haben wird: Friderike von Winternitz. Sie lebt von ihrem Mann getrennt, mit dem sie zwei Töchter hat, Alix und Susanne (Suse), ist ein Jahr jünger als Zweig und publiziert ebenfalls in verschiedenen Zeitungen. Zweig zögert lange. Er ist zwar verliebt, will sich aber nicht binden. Während eines mehrwöchigen Paris-Aufenthalts 1913 hat er eine Affäre mit einer jungen französischen Putzmacherin namens Marcelle. Flüchtig denkt er sogar darüber nach, mit dieser ein Kind zu haben, aber nur einen Moment lang, denn der Gedanke, Vater zu sein, ist ihm unerträglich. Auf seinen Wunsch hin reicht Friderike die Scheidung ein, er trennt sich im Gegenzug von Marcelle. Heiraten können die beiden aber erst 1920 nach einem zermürbenden Krieg mit den Behörden.

Linke Seite:
Stefan Zweig im Wiener Kriegsarchiv (1916)
Zweig, der sich selbst als schlichten Rekruten bezeichnete, trägt die Uniform eines Oberfeldwebels.

Rechts:
Friderike von Winternitz zusammen mit ihren beiden Töchtern, um 1912.

Unten, von links nach rechts:
Albert Ehrenstein (1886–1950)
Nach seinen ersten in der Zeitschrift *Die Fackel* erschienenen Gedichten tritt Ehrenstein vor allem mit kleinen grotesken Geschichten in Erscheinung.

Rainer Maria Rilke (um 1901)
»Keiner hat vielleicht leiser, geheimnisvoller, unsichtbarer gelebt als Rilke« *(Die Welt von Gestern).*

Alfred Polgar (1873–1955)
Der Feuilletonist, Stammgast in den Wiener Cafés, schrieb gerne satirische Texte.

KRIEGSGETÖSE

Zweig hält sich 1914 in Baden bei Wien auf, als an einem schönen Sommertag die Nachricht von der Ermordung Franz Ferdinands in Sarajewo eintrifft. Das bedeutet Krieg, doch noch glaubt niemand daran. Zweig meldet sich freiwillig und wird einige Monate später dem Kriegsarchiv zugeteilt, wo er für die Propagandaarbeit zuständig ist und eine Reihe alter Bekannter wiedertrifft: Alfred Polgar, Albert Ehrenstein, Rilke, Franz Werfel. Sein anfänglicher Patriotismus weicht rasch dem Entsetzen über das Ausmaß der Katastrophe und die sich ausbreitende »gefährliche Massenpsychose« *(Die Welt von Gestern)*. Der Weltbürger, der große Europäer Zweig reagiert mit Bestürzung und Fassungslosigkeit angesichts dieses Krieges, der das Ende eines Traums bedeutet und in seinen Augen nichts als eine widerliche Lüge ist. Während seiner Tätigkeit im Kriegsarchiv – er ist Mitherausgeber der offiziellen Zeitschrift *Österreich-Ungarn in Waffen*

Romain Rolland

(1866–1944)

Als Zweig in einer Ausgabe der *Cahiers de la Quinzaine* auf den ersten Teil von Romain Rollands Hauptwerk *Jean-Christophe* stößt, begeistert ihn der »beschwingende Glaube an die verbindende Mission der Kunst« in diesem »ersten bewußt europäischen Roman« *(Die Welt von Gestern)*. Er nimmt Kontakt zum Autor auf, woraus sich eine dreißig Jahre währende, sich in rund achthundert Briefen manifestierende und auf gegenseitiger Wertschätzung beruhende Freundschaft zwischen dem »Seelenjäger« – Rolland über Zweig (zitiert in Prater, *Stefan Zweig*) – und dem »Gewissen Europas« *(Die Welt von Gestern)* entwickelte. Sie diskutieren über Kultur und die großen Ideen der Menschheit ebenso wie über Politik, wobei ihre Ansichten oft auseinander gehen. Während Rolland öffentlich Stellung bezieht, zieht Zweig es vor zu schweigen. Rolland, der die Freiheit über alles schätzt, geht den Weg des Pazifisten. Gleichzeitig verlässt er jedoch nie den Bereich des Traumhaften und des Emotionalen. Er ist auch Verfasser musikwissenschaftlicher Werke.

Romain Rolland
»Er war Schüler Renans gewesen, Gast im Hause Wagners, Freund von Jaurès; Tolstoi hatte an ihn jenen berühmten Brief gerichtet (…)« *(Die Welt von Gestern)*.
Das obere Foto zeigt ihn mit seiner Frau, das untere 1936 in seinem Schweizer Haus.

(ein anonymer Witzbold, möglicherweise Ehrenstein, taufte sie in *Österreich-Ungern in Waffen* um) - bereitet er ein pazifistisches Drama vor, das 1917 erscheinen wird: *Jeremias*. In diesem von einem biblischen Thema inspirierten Werk zeigt sich Zweig als Humanist. Zum ersten Mal hat er das Gefühl, etwas wirklich Persönliches geschaffen zu haben, etwas, das seiner Entwicklung dienlich ist. Zweig hat seine Zweifel überwunden und endlich zu sich selbst gefunden.

DAS RAD DER GESCHICHTE

Jede Form der Parteinahme, sei es in politischen Dingen, sei es im privaten Bereich, ist Zweig nach wie vor fremd. Der übermächtige Wunsch, sich aus allem heraushalten zu wollen, scheint Teil seines Charakters zu sein. Wird ihm diese oder jene Richtung aufgezwungen, ist er nicht mehr er selbst. Die Leidenschaften, die er in seinen Novellen so überschwänglich beschreibt, hat er übrigens selbst nie erlebt. Auch auf dieser Ebene übt er strenge Zurückhaltung.

Das Drama *Jeremias*, dem ein sensationeller Erfolg beschieden ist, wird 1918 in Zürich uraufgeführt. Zweig reist Ende 1917 in die Schweiz. Er versuche, sich die Unversehrtheit seiner Seele und seine moralische Unabhängigkeit in diesem Krieg zu bewahren, dessen gigantische offizielle Maschinerie alle umklammert halte, notiert Romain Rolland in seinem Tagebuch. Zweig hat sich wieder in die Arbeit gestürzt: ein Essay über Dostojewski, Rolland-Übersetzungen, eine Biografie über Letzteren. Als Zweig 1919 nach Österreich zurückkehrt und an der Grenze warten muss, erkennt er hinter der Fensterscheibe eines Salonwagens den letzten österreichischen Kaiser, Karl, und seine Gemahlin, Kaiserin Zita. Fast verstohlen verlässt das Herrscherpaar sein Reich. Mit diesem historischen Augenblick geht die vielhundertjährige Geschichte der habsburgischen Dynastie zu Ende.

Links:
Kaiser Karl und seine Familie im Exil am Genfer See (1921)
Ein anachronistisches Familienporträt, aus scheinbar längst vergangener Zeit.

Oben:
Kaiserin Elisabeth und Kaiser Franz Joseph I. in Bad Kissingen
(Frühjahr 1898)
Das letzte Foto der Kaiserin: Am 10. September 1898 wird sie in Genf von einem Anarchisten erstochen.
Foto-Atelier Kolb, Bad Kissingen.

Oben:
Dezember 1940
Das Foto der Zweigs erscheint in der Zeitschrift der Pan American Airways aus Anlass der Vortragsreise des Schriftstellers durch Lateinamerika.

Rechte Seite:
Blick auf Salzburg
Zweig sagt, er habe sich ihrer »romantischen Abgelegenheit« wegen für diese Stadt entschieden *(Die Welt von Gestern)*.

ANHALTENDE PRODUKTIVITÄT

Für Zweig, der in den folgenden Jahren den Höhepunkt seiner literarischen Schaffenskraft erreichen soll, erweisen sich die veränderten Umstände als äußerst vorteilhaft: »(...) in jenen Jahren (kam) ein Gast in mein Haus und ließ sich dort wohlwollend nieder, ein Gast, den ich nie erwartet hatte - der Erfolg« *(Die Welt von Gestern)*. Bereits 1917 hat er ein großes Haus auf dem Kapuzinerberg in Salzburg erworben, in das er 1919 einzieht. Das ehemalige erzbischöfliche Jagdschlösschen aus dem 17. Jahrhundert liegt im Herzen Europas: Von hier sind Wien, München, Zürich, Venedig in wenigen Stunden mit dem Zug zu erreichen. Friderike Zweig nimmt ihrem Mann alles ab, damit er sich vollständig auf seine Arbeit konzentrieren kann. Dennoch wird er in dieser fruchtbaren Schaffensperiode immer wieder von Depressionen heimgesucht, die er als seine »schwarze Leber« bezeichnet (zitiert in Prater, *Stefan Zweig*). In den Jahren 1920 bis 1930 häufen sich die Werke aus seiner Feder, darunter eine Biografie über Marceline Desbordes-Valmore, ein Essayband über Balzac, Dickens und Dostojewski, ein weiterer über Hölderlin, Kleist und Nietzsche, eine Biografie über Joseph Fouché, die Novellenbände *Amok* und *Verwirrung der Gefühle*. Die Unruhe aber bleibt, er ist immer auf der Flucht, zieht sich zurück oder geht auf Reisen: »(...) ich reiste viel in jener Zeit, nur war es schon ein anderes Reisen als in den Tagen meiner Jugend. Denn ich war jetzt in den Ländern kein Fremder mehr, überall hatte ich Freunde, Verleger, ein Publikum, ich kam als der Autor meiner Bücher (...)« *(Die Welt von Gestern)*.

Unten:
Stefan Zweig und seine Frau Lotte
in Petrópolis bei der Arbeit, um 1941. Zweig führt ein zurückgezogenes Leben, arbeitet viel und erholt sich bei Spaziergängen.

Rechte Seite, links:
Zweigs Abschiedsbrief
In der auf Deutsch verfassten und mit *declaraçao* überschriebenen Erklärung dankt er Brasilien für seine Gastfreundschaft. Er sei durch die langen Jahre heimatlosen Wanderns erschöpft, schreibt er weiter, und wolle in aufrechter Haltung sein Leben abschließen.

DÜSTERE JAHRE

Das nächste Jahrzehnt verläuft wesentlich dramatischer. Der Name Stefan Zweig steht auf der Liste jener Autoren, deren Werke als »undeutsch« gelten und deshalb 1933 in Berlin öffentlich verbrannt werden. Aber nicht einmal jetzt, obwohl von Kollegen dazu aufgefordert, bezieht er Stellung. Schweigen, abwarten und arbeiten lautet seine Devise. Als die Polizei 1934 sein Haus nach versteckten Waffen durchsucht, entschließt er sich, nach London zu emigrieren. Friderike Zweig ist der Meinung, ihr Mann lebe »in einer imaginären Emigrantenpsychose« (zitiert in Prater, *Stefan Zweig*), und will die geliebte Heimat nicht verlassen. Aber sie hilft ihm bei der Suche nach einer Sekretärin, der er seine Entwürfe diktieren kann. Die 26-jährige Lotte Altmann, eine ruhige, tüchtige junge Frau, scheint genau die Richtige zu sein. Zweig beendet seine Maria-Stuart-Biografie und wendet sich danach Erasmus von Rotterdam zu. Obwohl er äußerst pessimistisch ist, was die politische Lage betrifft, hält er an seiner Zurückhaltung fest und schweigt weiter. Er unternimmt - insbesondere zum Zwecke von Lesungen und Vorträgen - zahlreiche Reisen in verschiedene Länder. Eines Tages überrascht ihn seine Frau in den Armen seiner Sekretärin. Zweig entzieht sich der possenhaften Situation durch weitere Fluchten. 1937 will er jedoch plötzlich klare Verhältnisse schaffen: Er bittet Friderike zum einen um die Scheidung und zum andern, den Verkauf ihres Salzburger Hauses in die Wege zu leiten.

Inzwischen hatte er für den Komponisten Richard Strauß ein Libretto geschrieben: *Die schweigsame Frau*. Da der Autor ein Jude ist, muss Adolf Hitler höchstpersönlich seine Zustimmung erteilen, damit die Oper am 24. Juni 1935 in Dresden uraufgeführt werden kann. Nach der zweiten Vorstellung wird sie jedoch schon wieder abgesetzt. Strauß, der die Zusammenarbeit mit Zweig gerne fortsetzen möchte, macht in einem Brief an ihn unmissverständlich seine Haltung zur nationalsozialistischen Politik klar. Der Brief wird jedoch von der Gestapo abgefangen, und Strauß muss daraufhin als Präsident der Reichsmusikkammer zurücktreten.

SCHACH UND MATT DER VERNUNFT

Zweig stellt erfreut fest, dass seine Popularität ein ungeheures Ausmaß erreicht hat, wohin auch immer er sich begibt: in Argentinien, in Portugal, in den USA ebenso wie in London, wo er 1939 Lotte Altmann heiratet und ein Jahr später die britische Staatsbürgerschaft annimmt. Auch in Brasilien wird er mit offenen Armen empfangen. Er hat *Ungeduld des Herzens* veröffentlicht, seine *Die Welt von Gestern* betitelten Erinnerungen und die *Schachnovelle* geschrieben. Obwohl er seine neue Heimat liebt, wird er zunehmend depressiver. Die Nachrichten vom Kriegsverlauf, die ihn in Petrópolis erreichen, erschüttern ihn zutiefst. »Wider meinen Willen bin ich Zeuge geworden der furchtbarsten Niederlage der Vernunft und des wildesten Triumphes der Brutalität innerhalb der Chronik der Zeiten«, notiert er in *Die Welt von Gestern*. Er fürchtet, die Tragödie in Europa könne ihn trotz der Entfernung einholen, er hat keine Kraft mehr, ist verzweifelt, von Sorgen zermürbt. Der Fall Singapurs am 15. Februar 1942 bedeutet die internationale Ausweitung des Krieges. Am 22. Februar 1942 nehmen sich Zweig und seine Frau das Leben. Bei seinen sorgfältig aufgeräumten Sachen werden einige Abschiedsbriefe sowie eine Erklärung gefunden, in der er von der Welt, so wie er sie liebte und wie sie nicht mehr existiert, Abschied nimmt. Sie schließt mit den Worten: »Ich grüße alle meine Freunde! Mögen sie die Morgenröte noch sehen nach der langen Nacht! Ich, allzu Ungeduldiger, gehe ihnen voraus« (zitiert in Prater, *Stefan Zweig*).

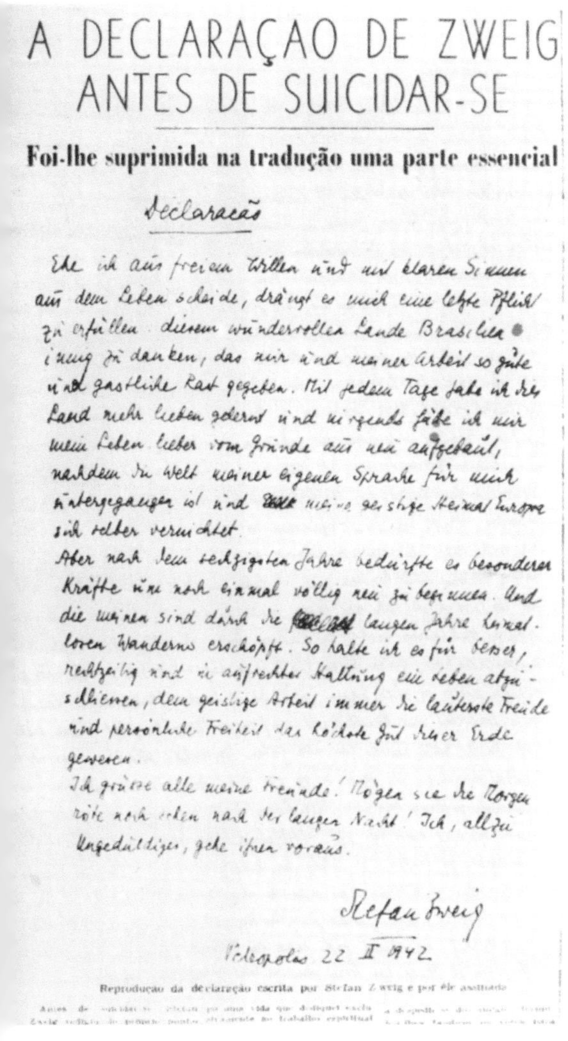

A DECLARAÇAO DE ZWEIG ANTES DE SUICIDAR-SE

Foi-lhe suprimida na tradução uma parte essencial

Declaração

Ehe ich aus freiem Willen und mit klaren Sinnen aus dem Leben scheide, drängt es mich eine letzte Pflicht zu erfüllen: diesem wundervollen Lande Brasilien innig zu danken, das mir und meiner Arbeit so gute und gastliche Rast gegeben. Mit jedem Tage habe ich dies Land mehr lieben gelernt und nirgends hätte ich mir mein Leben lieber vom Grunde aus neu aufgebaut, nachdem die Welt meiner eigenen Sprache für mich untergegangen ist und meine geistige Heimat Europa sich selber vernichtet.

Aber nach dem sechzigsten Jahre bedürfte es besonderer Kräfte um noch einmal völlig neu zu beginnen. Und die meinen sind durch die langen Jahre heimatlosen Wanderns erschöpft. So halte ich es für besser, rechtzeitig und in aufrechter Haltung ein Leben abzuschliessen, dem geistige Arbeit immer die lauterste Freude und persönliche Freiheit das höchste Gut dieser Erde gewesen.

Ich grüsse alle meine Freunde! Mögen sie die Morgenröte noch sehen nach der langen Nacht! Ich, allzu Ungeduldiger, gehe ihnen voraus.

Stefan Zweig

Petropolis 22 II 1942

Reproduçao da declaração escrita por Stefan Zweig e por êle assinado

Unten:
Bücherverbrennung auf dem Berliner Opernplatz
(Mai 1933)
»Dieses Schicksal (...) mit so eminenten Zeitgenossen wie Thomas Mann, Heinrich Mann, Werfel, Freud und Einstein und manchen anderen (...) teilen zu dürfen, habe ich eher als Ehre empfunden denn als Schmach (...)«
(Die Welt von Gestern).

Links unten:
Grinzing und seine Heurigenlokale
In den Heurigenschenken kann sich der Sonntagsspaziergänger im Schatten einer Laube ausruhen. Eine Kapelle spielt und unterhält mit satirischen und wehmütigen Liedern.

Rechts unten:
Das Café Amerling im 7. Bezirk

Rechte Seite:
Josefstadt
Blick in einen Innenhof.

Folgende Doppelseite:
Amerling Beisl
Innenhof des Kulturhauses im 7. Bezirk.

Lauschige Rastplätze

»Man lebte gut, man lebte leicht und unbesorgt in jenem alten Wien (…)«
(Die Welt von gestern).

in Wien

»Ich bin aufgewachsen in Wien, der zweitausendjährigen übernationalen Metropole (...).« In seinen Erinnerungen zeichnet Zweig das Bild einer Stadt, die fast zu idyllisch ist. Kritisch äußert er sich lediglich über die strenge Erziehung und die scheinheilige Sexualmoral. Zwar entstand *Die Welt von Gestern* im Exil, wo er weder Zugang zu Archiven hatte noch die Möglichkeit, seine Erinnerungen zu überprüfen – die Zensur erschwerte schriftliche Kontakte –, aber Zweig ist sich der selektiven Auswahl seines Gedächtnisses wohl bewusst: »Alles, was man aus seinem eigenen Leben vergißt, war eigentlich von einem inneren Instinkt längst schon vordem verurteilt gewesen, vergessen zu werden« *(Die Welt von Gestern)*.

In seinen Tagebüchern dagegen lässt er sich zu spontanen und deshalb auch unkontrollierteren Bemerkungen hinreißen. Beobachtungen über Wien und die Wiener fließen immer wieder ein. »Wie doch die Wiener sind. Ein wenig Erfolg nur und sie werden toll!«, entfährt es ihm 1914 einmal *(Tagebücher)*. Mit den Jahren sollte seine Abneigung gegen seine Heimatstadt immer größer werden. Und doch ist ihm stets bewusst gewesen, in welchem Maße er Erbe und Repräsentant der Wiener Kultur ist.

Hans Makart (1840–1884) Aus dem Zyklus *Die fünf Sinne*. Von links nach rechts: *Geschmack, Gesicht, Gefühl*. Theatralische oder sinnliche Themen kennzeichnen das Werk des von den Wienern »Zauberer« genannten Makart.
Österreichische Galerie im Belvedere, Wien.

Wiener Festlichkeiten

1879 bereitet sich die Stadt auf die Feierlichkeiten aus Anlass der Silberhochzeit des Kaiserpaares vor. 14 000 Wiener in Renaissance-Kostümen, die Berufe aus nicht weniger als 43 Zünften repräsentieren, paradieren fünf Stunden durch die Straßen. Die Kostüme und die lebenden Bilder des allegorischen Zugs hat der Maler Hans Makart entworfen; die Idee dazu stammt aus dem dritten Akt der Wagner-Oper *Die Meistersinger von Nürnberg.* Für die Ausstattung zeichnet der Architekt Otto Wagner verantwortlich. »Ein bewegtes Gedicht«, lobt die *Neue Freie Presse.* In dieser Prachtentfaltung und der grandiosen Zurschaustellung ihres vollendeten Ästhetizismus zeigt sich die Hauptstadt, wie sie wirklich ist. Alles wird in Wien zum festlichen Anlass, sogar Beerdigungen: Eine »›schöne Leich‹ mit prunkvollem Aufzug« zu haben, sei der Ehrgeiz jedes Wieners, stellt Zweig in *Die Welt von Gestern* fest. Offizielle Feierlichkeiten pflegt der Kaiser übrigens mit der Floskel »Es war sehr schön, es hat mich sehr gefreut« zu würdigen. Er soll sich den Satz nach einer harmlosen kritischen Bemerkung über das neue Opernhaus, mit der er einen der Architekten vor Verzweiflung in den Selbstmord getrieben hatte, angewöhnt haben. Seitdem beschränkt sich Franz Joseph I. auf die Rolle des Patriarchen und enthält sich jeden Kommentars. Dies also ist das »goldene Zeitalter der Sicherheit« *(Die Welt von Gestern),* doch in der unerschütterlichen Ordnung deuten sich bereits erste zaghafte Veränderungen an.

Otto Wagner (1841–1918) Entwürfe für die Postsparkasse an der Ringstraße, etwa 1904–1906. Das Gebäude ist typisch für die neue Architektur, die sich durch die Suche nach Funktionalität auszeichnet. Als Baumaterialien werden hauptsächlich Glas, Metall und Marmor verwendet, um Kontraste zu schaffen zwischen matt und glänzend, glatt und körnig. Historisches Museum der Stadt Wien.

HANS MAKART (1840–1884)

Makart ist, wie man heute sagen würde, ein Allroundgenie, und er war in seinem Land tonangebend. Er malte nicht nur, sondern inszenierte auch Theaterstücke und Historienspiele. Auch seine Gemälde sind Theaterszenen nachempfunden. Die Damen berät er in Modefragen, ihre Kleider entwirft und näht er selbst. Er gestaltet Blumensträuße und Inneneinrichtungen. Sein Name findet Eingang in die Umgangssprache: Man spricht vom Makarthut, vom Makartbouquet, vom Makartsalon.
Sein Atelier in einer vom Kaiser zur Verfügung gestellten Villa ist täglich für Besucher geöffnet. Er arbeitet an einem großen Gemälde: dem triumphalen Einzug Karls V. in Antwerpen 1560. Bekannte Wienerinnen dienen ihm als Modell für die Frauengestalten, woraufhin sich an die 35 000 Menschen vor dem Monumentalgemälde drängen, um zu sehen, wem dieses Privileg zuteil wurde. Die Krönung seiner Laufbahn aber ist der kaiserliche Festzug 1879, den er gestaltet und vorbereitet hat und an dem er in schwarze Seide gekleidet auf einem Schimmel reitend teilnimmt.

Hans Makart in seinem Atelier
von Eduard Charlemont, um 1880. Der »Malerfürst« macht sein Atelier in der Gußhausstraße der Öffentlichkeit zugänglich. Schwere Wandbehänge, reichverzierte Möbel, üppige Grünpflanzen schaffen eine traumhafte Atmosphäre.
Historisches Museum der Stadt Wien.

ERRUNGENSCHAFTEN DER ZIVILISATION

Im Jahr 1881, als Zweig in Wien geboren wird, ist der Stil der Ringstraße für die Stadt maßgeblich. Die etwa vier Kilometer lange und 57 Meter breite Prachtstraße, die anstelle der geschleiften Befestigungen entstand und die Altstadt in einem riesigen Bogen umschließt, ist für die ältere Generation ein Symbol glanzvoller Größe. Dass Wien eine der großen Metropolen der Welt ist, kann die Stadt 1873 beweisen, als hier die Weltausstellung stattfindet. Der Glaube an den Fortschritt scheint grenzenlos. Elektrisches Licht beleuchtet die Straßen in der Dunkelheit, in den Häusern gibt es jetzt fließendes Wasser, und ein Netz von Straßenbahnlinien überzieht die Stadt und erleichtert die Fortbewegung.
Auch die Familie Zweig hat Anteil am allgemeinen Wohlstand. Bis 1895 wohnt sie am Schottenring 14, danach in der Rathausstraße 17, zwischen Universität und Parlament. Die beiden Söhne werden jedoch nicht verwöhnt. Obwohl die neue Wohnung noch größer als die alte ist und die Empfangssalons oft verschlossen bleiben, hat der kleine Stefan kein eigenes Zimmer.

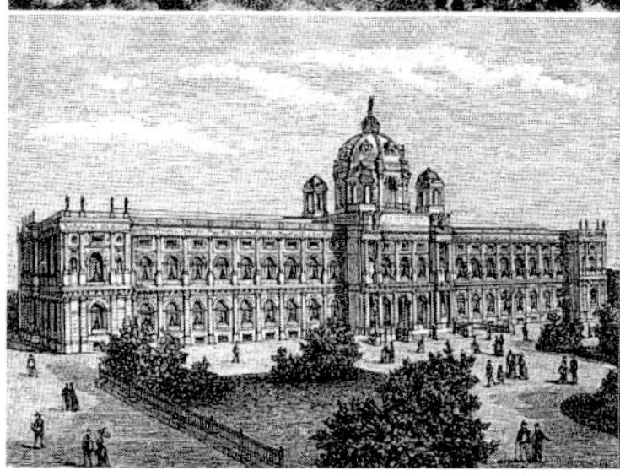

Von oben nach unten:
Der Schottenring (um 1905)
Im Hintergrund die neugotische Votivkirche, die von 1856 bis 1879 von Heinrich von Ferstel erbaut wurde, der auch das Museum für angewandte Kunst und das Palais Wertheim errichtete.

Das Gelände der Weltausstellung (im Mai 1873)
Sieben Jahre nach der Niederlage von Sadowa stand Wien wieder im Mittelpunkt des europäischen Interesses.

Das Kunsthistorische Museum und das neue Rathaus (um 1900)
Das vom flämischen Baustil inspirierte und von 1872 bis 1873 erbaute Rathaus zeugt von der kaiserlichen Macht und Herrlichkeit.

Hugo von Hofmannsthal fotografiert von Nicola Perscheid, um 1915. »Er war unruhig, farbig, sensibel, jedem Druck der Luft ausgesetzt, oft mürrisch und nervös im privaten Umgang, und ihm nahe zu kommen, war nicht leicht« *(Die Welt von Gestern).*

Hugo von Hofmannsthal

(1874–1929)

PASSIONEN An die Schulzeit erinnert sich Zweig nur ungern. Sie war ihm »nichts als ein ständiger gelangweilter Überdruß, von Jahr zu Jahr gesteigert durch die Ungeduld, dieser Tretmühle zu entkommen« *(Die Welt von Gestern).* In dieser trostlosen, dumpfen, autoritären Atmosphäre fällt das Lernen unendlich schwer. Zumal es so viel Interessanteres gibt: Theater, Oper, Literatur. Der Schüler Zweig ist ein eifriger Theaterbesucher und ein richtiger Bücherwurm. Zu seinen Lieblingsautoren gehören Baudelaire und Walt Whitman, er kennt aber auch Nietzsches Schriften, die ihm und seinen Kameraden reichlich Diskussionsstoff liefern. In Paris erzählt er Paul Valéry später einmal, er habe bereits 1898 erste Gedichte von ihm gelesen. Ausgeschlossen, erwidert Valéry, sein erster Band sei erst 1916 erschienen. Aber Zweig kann sich genau an die kleine literarische Zeitschrift erinnern, in der er als 17-Jähriger Valérys Verse entdeckte. Zu seiner Gymnasialzeit ist auch ein neuer Name in aller Munde: Hugo von Hofmannsthal. Obwohl selbst noch Gymnasiast, wird er seiner genialen Dichtkunst wegen in einem Atemzug mit Goethe genannt.

Noch nie hat der Redakteur Hermann Bahr einen Beitrag erhalten, der »in so beschwingter, adeliger Sprache solchen gedanklichen Reichtum gleichsam mit leichter Hand hinstreute« wie der mit »Loris« unterzeichnete Aufsatz. Er verabredet ein Treffen mit dem Unbekannten im Café Griensteidl und staunt nicht schlecht, als sich ein 16-jähriger »schlanker, noch unbärtiger Gymnasiast« mit den Worten vorstellt: »›Hofmannsthal! Ich bin Loris‹« *(Die Welt von Gestern).* Die Verse, die er bis zu seinem 25. Lebensjahr verfasst, sind von solcher Vollendung, dass man ihn als Genie rühmt. Sein 1901 veröffentlichter *Brief des Lord Chandos* gilt als bedeutendes poetisches Manifest der Sprache. Er ist Autor mehrerer Dramen und Libretti für Strauß-Opern, darunter *Der Rosenkavalier* und *Die Frau ohne Schatten*. Etwas Traumhaftes, Zauberisches, nicht Greifbares kennzeichnet sein Werk. Die Bewunderung, die Zweig ihm entgegenbringt, erwidert Hofmannsthal nicht. Er hält Zweig mehr für einen Journalisten denn für einen Schriftsteller, einen der ihm so verhassten »Literaten dieser Zeit, von denen sich kein Dichter ganz trennen kann, leben und für ein Publikum schreiben zu müssen, das durch sie verdorben ist« (zitiert in Prater, *Stefan Zweig*).

gärten und parks

»man fühlte kaum, wo die natur, wo die stadt begann, eines löste sich ins andere ohne widerstand und widerspruch« (die welt von gestern).

Linke Seite:
Der Park von Schönbrunn
Ein reizvolles Spiel mit Perspektiven auf schier endlosen Wegen, die immer zu einer Skulptur, einem Wasserfall, einem Brunnen führen.

Oben:
Skulpturen im Stadtpark
Den von Rudolf Siebeck angelegten Park (er hat auch den Rathauspark gestaltet) zieren zahlreiche Statuen von Komponisten, darunter Schubert, Bruckner und, wie hier, Johann Strauß.

Das Gewächshaus von Schloss Schönbrunn
Das große, ganz aus Glas erbaute Tropenhaus stammt aus dem Jahre 1883.

In Wien
Hier scheinen die Uhren anders zu gehen. Alles ist nostalgisch angehaucht.

Oben und rechte Seite:
Der Stadtpark
In dieser Atmosphäre behaglicher Unwirklichkeit herrscht eine beruhigende, weil jede Veränderung als beängstigend ablehnende Trägheit.

Folgende Doppelseiten:
Schönbrunn
Die Wege im Park von Schönbrunn sind in regelmäßigen Abständen mit antiken Statuen geschmückt. Die Liebe zur Antike ging so weit, dass sogar Ruinen aus der Römerzeit kopiert wurden.

Der Rathauspark
Überall entlang der sorgsam geharkten Wege finden sich Arabesken und andere ornamentale Verzierungen.

TONARTEN DES SCHREIBENS

Wie viele junge Schriftsteller seiner Zeit beginnt auch Zweig sehr früh zu schreiben. Als 17-Jähriger wendet er sich an die deutschen Publikationen der so genannten Moderne. Nicht nur seine ersten Einzelgedichte, auch sein erster Gedichtband erscheint in Deutschland. Das Echo ist positiv; von nun an zählt Zweig zur Riege der vielversprechenden jungen Wiener Autoren. Auslandserfahrungen zu sammeln ist übrigens nichts Ungewöhnliches für einen österreichischen Schriftsteller. Wien hat sich nämlich hinsichtlich der literarischen Produktion trotz der künstlerischen Erneuerung einen recht provinziellen Charakter bewahrt. In diesem Klima latenter Dauer-Melancholie haben sich Reisen zur Erweiterung des eigenen Horizonts bewährt. Auch der zur Gruppe des Jung Wien zählende und später mit Zweig befreundete Hermann Bahr empfiehlt, mit der Botanisiertrommel loszuziehen, um neue Empfindungen zu sammeln. Das Verhältnis Zweigs zu seiner Heimatstadt ist zwiespältig. Fühlt er sich einerseits zu ihr hingezogen, so wahrt er doch andererseits eine gewisse Distanz, hält sich aber mit Kritik zurück. Er hat Wien in seinen Novellen nie beschrieben, und doch verströmt ihr duftig zartes, sentimental angehauchtes Gewebe einen unverwechselbaren Wiener Duft.

Theodor Herzl

(1860–1904)

Der in Budapest geborene Herzl ist nach seinem Jurastudium für verschiedene Zeitungen tätig. Als Korrespondent der *Neuen Freien Presse* wird er in Paris Zeuge der schockierenden öffentlichen Degradierung von Hauptmann Dreyfus. Für ihn ist das der Beweis, dass die viel gerühmte Assimilierung der Juden nichts als eine Illusion ist. Zurück in Wien, veröffentlicht er die Streitschrift *Der Judenstaat,* die neben politischen und gesellschaftlichen Lösungsvorschlägen auch eine Analyse der historischen Ansätze der Judenfrage enthält. »Wir Juden haben ja seit zweitausend Jahren historisch gar keine Praxis, etwas Reales in die Welt zu setzen. Die unbedingte Hingabe muß man erst lernen (...)«, erklärt er dem jungen Zweig *(Die Welt von Gestern).* Der spöttisch »König von Zion« genannte Herzl, der auch in einigen zionistischen Zeitschriften publiziert, muss sich sein Leben lang gegen Verleumdungen zur Wehr setzen. Und doch löst sein Tod tiefe Bestürzung aus. »Mit einemmal merkte Wien, daß hier nicht nur ein Schriftsteller oder mittlerer Dichter gestorben war, sondern einer jener Gestalter von Ideen, wie sie in einem Land, in einem Volk nur in ungeheuren Intervallen sich sieghaft erheben« *(Die Welt von Gestern).*

Rechts:
Begräbnis Theodor Herzls (03.07.1904)
»(...) es war der Führer einer großen Bewegung, der hier zu Grabe getragen wurde. Es war ein endloser Zug« *(Die Welt von Gestern).*

Ganz rechts:
Theodor Herzl (um 1900)
»Er sah wirklich königlich aus mit seiner hohen, freien Stirne, seinen klaren Zügen, seinem langen, fast bläulich schwarzen Priesterbart und seinen tiefblauen, melancholischen Augen« *(Die Welt von Gestern).*

DIE LITERATEN-STADT

Der Nachwuchsschriftsteller Zweig hat Respekt vor der älteren Schriftstellergeneration, die ihrerseits das erfolgreiche junge Talent mit einem gewissen Argwohn betrachtet. Schnitzler oder Hofmannsthal beantworten zwar seine Briefe, halten ihn aber dennoch auf Distanz. Joseph Roth, der ihn oft um Geld bittet, gibt ihm zu verstehen, dass seine Arbeit nicht das sei, was sie sein könnte, und wieder andere verspotten Zweig seines Vermögens wegen als »Erwerbs-Zweig«. Obwohl Repräsentant einer neuen Wiener Strömung, wird Zweig in seinem literarischen Milieu kaum Anerkennung zuteil. Er gerät rasch in eine Außenseiterrolle. Auf der anderen Seite ist ihm aber auch jede Störung lästig. »Es läutet immer ein Irgendeiner. Und ich will Ruhe. Muß ich wirklich wegflüchten von Wien, um Ruhe zu haben?« (*Tagebücher*, Eintrag vom September 1912). Dennoch wird er bis zu seinem vierzigsten Lebensjahr einen Wohnsitz in Wien haben, ein *»pied-à-terre« (Die Welt von Gestern)*, wie er es nennt, überwiegend im 8. Bezirk, in der Josefstadt. In jungen Jahren besteht sein Domizil aus einem einfachen Zimmer, das er im Wesentlichen mit Büchern und Manuskripten füllt. Wie seine Schriftstellerkollegen ist er oft in Kaffeehäusern anzutreffen, allerdings nicht unbedingt in den beliebten Treffpunkten der jungen Literatur wie dem Griensteidl oder dem Central. Er bevorzugt neue Örtlichkeiten wie das Café Beethoven, wo er ebenso wie später im Café Rathaus und im Reyl Stammgast wird. Dabei geht es ihm weniger um den Austausch mit Kollegen als vielmehr um ein bisschen Ablenkung und Unterhaltung.

EIN QUARTIER IN WIEN

1907, nach zahlreichen Reisen und Begegnungen, sucht Zweig, mittlerweile älter geworden, sich eine Wohnung, die ihm ein richtiges Zuhause sein soll. Er findet sie in der Kochgasse 8. Er kauft sich ein paar Möbel, darunter rote Ledersessel und einen Teppich, stellt seine Bücher in Reih und Glied auf und schmückt die Wände mit den Autographen, von denen er schon eine ansehnliche Sammlung besitzt. Ganz besonders freut ihn, dass im selben Haus eine alte Dame wohnt, auf welcher noch der Blick des großen Goethe ruhte. Sie ist die Tochter von Goethes Leibarzt Dr. Vogel und mit großer Wahrscheinlichkeit die Letzte, die Goethe noch persönlich gekannt hat. Ein handschriftliches, unter Glas gesetztes Gedicht des Meisters erhält in Zweigs Wohnung einen Ehrenplatz.

Das Café Beethoven
In Wien strömten die Menschen ins Café wie einst ins Forum, meinte der Schriftsteller Victor Tissot schon 1878.

EIN HAUCH VON WELTBÜRGERTUM

Erst in seiner 1940 im Exil entstandenen historischen Analyse hebt Zweig ganz klar seine Wiener Identität, ja seine Wiener Wurzeln hervor. Wien, einst Hauptstadt eines Weltreichs, bekleide »unter allen Städten deutscher Sprache den Rang geistiger Anciennität«. In der Dynastie der Habsburger vereinigten sich die unterschiedlichsten Strömungen ethnischer und kultureller Art. »Durch zwei Jahrhunderte ist am österreichischen Hofe mehr Spanisch, mehr Italienisch und Französisch gesprochen worden als Deutsch« *(Das Wien von Gestern)*. Die Möglichkeit, sich zu integrieren, ohne seine Eigenheiten aufzugeben, macht Wien zu einer flexiblen, geistig offenen Stadt. Zweig selbst hat ohnehin eine europäische Seele: Er fühlt sich in Paris ebenso wohl wie in London, jede Reise dient ihm als Anregung, als geistige und seelische Nahrung. Das Übersetzen (aus dem Englischen wie aus dem Französischen) nimmt einen bedeutenden Platz in seinem Werk ein. Er wird zeitlebens äußere Einflüsse aufnehmen, und das trotz des Krieges, der die Totenglocke für seine Ideale läutet. Ihn interessiert weder die »fröhliche Apokalypse«, wie Hermann Broch sie beschreibt, noch der Zerfall des Reichs, den Joseph Roth thematisiert. Zweig ist schlicht auf der Suche nach Empfindungen, bemüht, selbst noch die feinsten Schwingungen von Herz und Intellekt zu registrieren. Die Entdeckung der Psychoanalyse und der dunklen Seiten der Seele, von Eros und Triebhaftigkeit, Träumen, aber auch »die leise Straße der Wehmut« *(Geschichte in der Dämmerung)*, das Gefühl des Vergänglichen oder nicht Greifbaren – all dies sind typisch wienerische Komponenten, aus denen sich ein ästhetisches Gemälde formt, dem in seinem Werk eine essenzielle Bedeutung zukommt. Darin ist er ein typischer Vertreter seiner Kultur, mag seine Orientierung auch viel breiter sein.

Friderike Maria von Winternitz (1920)
»Sie ist so zart, daß man fürchten müßte, sie zu erdrücken mit Zärtlichkeit« (*Tagebücher*, Eintrag vom 21.12.1912).

ABENTEUER UND AFFÄREN

Wien ist nicht zuletzt Ort zahlreicher Abenteuer mit Zufallsbekanntschaften. In Wien lernt Zweig aber auch seine erste Frau, Friderike von Winternitz, kennen. Eines Tages erhält der große Verführer Zweig einen Brief von einer Unbekannten. Sie habe ihn vor ein paar Jahren schon einmal in einem Heurigenlokal gesehen, schreibt sie. Und jetzt hatte es, am Abend zuvor, eine zweite Begegnung gegeben. Für sie ein Wink des Schicksals. »Und da schien es mir nicht unnatürlich, Ihnen einen Gruß zu senden« (*Unrast der Liebe*, Brief vom 25.07.1912). Zweigs Antwort hat vermutlich nicht auf sich warten lassen. Ein Briefwechsel beginnt. Mit einer List gelingt es Zweig, Friderike erst nach Berlin, dann nach Lübeck zu locken. Sie fühlt sich zu ihm hingezogen, er auch zu ihr, aber ihr scharfer Verstand irritiert ihn. Frauen waren bisher für ihn kaum mehr als Objekte, deren körperliche Schönheit ihn von seinen düsteren Stimmungen ablenkt und deren er sich entledigt, wenn sie ihren Zweck erfüllt haben. Friderike von Winternitz dagegen ist eine Intellektuelle mit modernen Ansichten. Sie schreibt und publiziert und spricht Zweig auf seine Arbeiten an, die ihr gut gefallen. Er ist beeindruckt von ihrer Sensibilität, ihrer Energie und hält sie für »das Zarteste (...) was man sich erdenken kann« (*Tagebücher*, Eintrag vom September 1912). Das körperliche Verlangen zwischen ihnen ist ihm jedoch unangenehm. Er, für den diese Gefühle ganz normal sind, hat Mühe, sie bei einer Frau zu akzeptieren, die ihm – schließlich ist sie Mutter – vor allem Respekt einflößt. »Es ist wieder sehr schön und ich muß nur verhüten, daß es ganz ins Sexuelle niederstürze, was wirklich droht« (*Tagebücher*, Eintrag vom Dezember 1912). Und Anfang Mai 1913 notiert er: »Ich wünschte mir das Sinnliche aus ihr fort. Es stört, gerade bei ihr mir das reine Empfinden ihrer wunderbaren Welt« (*Tagebücher*). Sie führen anregende, angenehme Gespräche, die von ihrer geistigen Verwandtschaft zeugen. Friderike von Winternitz berät und unterstützt ihn und ist ihm eine ebenbürtige Partnerin. Er brauche ihr seine Eroberungen nicht in allen Einzelheiten zu beschreiben, wird sie ihm eines Tages erklären, möge er tun, was er wolle, aber kein Wort darüber verlieren. Immer wieder stachelt sie ihn an: »Eines aber *erwarte* ich doch von Dir, mein Brüderchen. Mit *mir* mußt Du arbeiten« (*Unrast der Liebe*, Brief vom 25.06.1914). Nach einem zermürbenden Krieg mit den Behörden (Friderike ist geschiedene Katholikin) erhalten die beiden 1920 endlich die Heiratsbewilligung. Die Feier gestaltet sich ähnlich unkonventionell wie ihre Beziehung: Sie findet ohne die Braut statt, die in dem Haus am Kapuzinerberg geblieben ist, während Zweig in Wien im Beisein von Trauzeugen »heiratet«. »Ich spüre so gar keine Veränderung. Das ist so, weil Du mir meine Sentimentalität abgewöhnt hast. Wäre sie eingeschaltet, schriebe ich Dir einen Brief, den Du Dir einrahmen könntest« (*Briefwechsel 1912–1942*, Brief vom 30.01.1920). Zum ersten Mal unterschreibt sie mit Friderike Zweig. Sie wird Stefan Zweig auch nach der Trennung treu ergeben sein, ihm bei der Beschaffung von Material für seine Projekte helfen und ihm auch weiterhin unermüdlich Mut zusprechen.

1916 ziehen sie nach Kalksburg bei Rodaun, das noch im Einflussbereich der Hauptstadt liegt, und richten sich in zwei durch Bäume voneinander getrennten Häuschen ein, sie im einen, er im anderen. Rilke und Hofmannsthal sind Nachbarn und kommen gelegentlich zu Besuch. Nach dem Ersten Weltkrieg kehrt Zweig seiner Heimatstadt endgültig den Rücken. Er empfindet diesen Schritt als notwendig, ja als Befreiung. In Wien ist er von nun an nur noch ein seltener Gast.

Schaubühne Wien

»Wien ist eine Stadt für Feste, das sieht man. Wie in der hellen Luft die Fahnen gut wehn, wie das viele Grün das Bunte noch heiterer, noch jubelnder macht. Und wie das Frohsein zu den Leuten paßt, zu den Mädchen die weiß wie Schmetterlinge jetzt überall flattern«, notiert Stefan Zweig im Mai 1915 in seinem Tagebuch *(Tagebücher)*. Wo besser als im genießerischen Wien und seiner Welt der Krinolinen und Veilchensträuße hätte die Operette sich entfalten, die Kunst des Walzertanzens zu höchster Vollendung gelangen können? Kaum ein Paar, das nicht dem Rausch des Im-Kreis-Herumwirbelns erliegt. Und sollte die Leidenschaft zu übermächtig werden, sorgt der für das Gleichgewicht notwendige Abstand zwischen den Partnern dafür, dass der Anstand nicht verletzt wird. Beim Tanzen sind scheinbar alle gleich, Adlige und einfache Leute vermischen sich, und es entsteht ein Bild vordergründiger Idylle.

Die Tanzpaläste sind beliebte Treffpunkte. Hierher kommt man nicht nur zum Tanzen, hier werden auch Pantomimen oder kurze Stücke aufgeführt. In der Faschingszeit finden zuweilen zwanzig Bälle an einem Abend statt. Das Theaterprogramm und der Veranstaltungskalender sind jedem Zeitungsleser wichtiger als die politischen Nachrichten, und das aus gutem Grund: sind doch die festlichen Ereignisse ein verbindendes Element und gleichen alle gesellschaftlichen Gegensätze aus.

Titelblatt eines Partiturenhefts (1910)
Im Walzer-Paradies. Die bekanntesten Walzer von Johann Strauß.

DIE WIENER »THEATROMANIE«

Den Begriff hat Zweig in seinen Erinnerungen geprägt. Die Köchin seiner Eltern, so erzählt er, sei beim Tod einer Hofschauspielerin in Tränen ausgebrochen, obwohl sie diese niemals auf der Bühne gesehen habe. Die Vergötterung erstreckt sich nicht nur auf die Schauspieler selbst, sondern auch auf ihre Umgebung. Wer auf sich hält, lässt sich vom Friseur seines Idols frisieren oder von dessen Schneider einkleiden. Sprechweise und Akzent der Halbgötter werden bis ins Detail nachgeahmt. »Das Theater gibt den Ton an, für alle Moden, auch der Seele«, spottet Hermann Bahr in *Wien*. Bei der letzten Vorstellung im alten Burgtheater, das abgerissen werden sollte, versuchte jeder Zuschauer noch ein Andenken zu ergattern, einen Holzsplitter etwa oder ein Stück von einem Sessel, eine Reliquie, die man dann von Generation zu Generation vererbte. Das neue Burgtheater wurde 1888 fertig gestellt. Die Deckengemälde über der breiten Treppe, Theaterszenen aus der Zeit Shakespeares, wurden von Gustav Klimt und seinem Bruder geschaffen. Wer genau hinsieht, kann die beiden inmitten des elisabethanischen Publikums entdecken.

DRAMATISCHE WENDEPUNKTE

Der junge Zweig teilt die Leidenschaft der Wiener für das Theater, das der »Mikrokosmos (war), der den Makrokosmos spiegelte, der bunte Widerschein, in dem sich die Gesellschaft selbst betrachtete« *(Die Welt von Gestern)*. Hermann Bahr hat es so ausgedrückt: »Der Wiener braucht immer ein Beispiel. Dazu geht er ins Theater. Es ist kein Abbild des Lebens. Das Leben ist sein Nachbild« *(Wien)*. Zweig hat immer wieder Dramen geschrieben und einige der großen Schauspieler seiner Zeit persönlich kennen gelernt. Aber seine dramatischen Versuche standen unter einem derart schlechten Vorzeichen, dass ihn zu guter Letzt eine abergläubische Furcht beschlich. Gleich drei Schauspieler, die seine Stücke auf die Bühne bringen wollten, verstarben unerwartet kurz vor der Uraufführung. Der erste, der Deutsche Adalbert Matkowsky, möchte *Tersites* im Königlichen Schauspielhaus in Berlin aufführen. Die Proben beginnen, aber Matkowsky erkrankt und stirbt wenige Tage später. Der zweite ist der Wiener Josef Kainz. Zweig schreibt für ihn den Einakter *Der verwandelte Komödiant*. Kainz ist so begeistert, dass er das Stück bald im Burgtheater spielen will. Die Proben sollen einen Monat später, nach seiner Rückkehr von einer Gastspielreise, beginnen. Aber Kainz erliegt plötzlich einem Krebsleiden.

Links oben:
Alexander Moissi als Romeo (um 1905)
»Moissi (hatte) aus seiner italienischen Heimat einen sinnlichen Wohllaut der Sprache auf die deutsche Bühne gebracht, wie sie ihn vordem nie gekannt (…)«
(Die Welt von Gestern).
Sammlung AKG, Berlin.

Rechts oben:
Adalbert Matkowsky (um 1893)
»Meine Verse waren die letzten gewesen, die seine wunderbar beredten Lippen gesprochen«
(Die Welt von Gestern).
Sammlung AKG, Berlin.

Links unten:
Josef Kainz als Prinz von Homburg (um 1886)
»(…) beglückend durch seine geistige Grazie, seine nie mehr erreichte Sprechkunst (…)«
(Die Welt von Gestern).

Johann Strauß
(1825–1899)
Der Geigen- und Walzerkönig gibt den Ton an im Komponistenparadies. Auf der Lithografie von Otto Böhler, 1899, sind die Silhouetten von Haydn, Schumann, Bach, Mozart, Bruckner, Händel, Gluck, Liszt, Wagner, Bülow, Brahms, Beethoven, Weber, Schubert sowie einige Engel zu sehen.
Sammlung AKG, Berlin.

Dem dritten, Alexander Moissi, verweigert Zweig aus Angst, das Verhängnis werde abermals seinen Lauf nehmen, die Hauptrolle in dem Stück *Das Lamm des Armen.* Jahre später bittet Moissi ihn um die Übersetzung eines Dramas von Pirandello, in dem er die Hauptrolle übernehmen möchte. Noch bevor die Proben beginnen, stirbt Moissi an einer Lungenentzündung. Zweifellos habe der »rasch aufeinanderfolgende Tod von Matkowsky und Kainz bestimmende Wirkung auf die Richtung (seines) Lebens gehabt«, resümiert Zweig in *Die Welt von Gestern.*

AUF DER BÜHNE 1912 wird *Das Haus am Meer* im Burgtheater aufgeführt. Die ganze Stadt scheint der Premiere entgegenzufiebern. Dann ist der große Tag gekommen, Beifall, anerkennende Mienen, Glückwünsche. Aber Zweig gibt sich gleichgültig. »Ich spüre das Unechte des *lauten* Erfolgs immer mehr«, notiert er in seinem Tagebuch (*Tagebücher,* Eintrag vom 28.10.1912). »Es ist ja doch nur ein engster Kreis, der zu einem hält, das darf man nicht unterschätzen.« Noch zweimal, 1926 und 1930, werden Stücke von ihm am Burgtheater gespielt. Das erste ist eine freie Prosafassung von Ben Jonsons *Volpone,* die er zu einem späteren Zeitpunkt in Verse umzuarbeiten beabsichtigt. Aber auch die vorläufige Fassung von Zweigs Bearbeitung der virtuosen Komödie aus dem 17. Jahrhundert wird sofort akzeptiert und zuerst vom Dresdner Hoftheater inszeniert. Die, wie er es nannte, »amüsante Farce über Geld« wird er später gemeinsam mit Jules Romains auch ins Französische übertragen. Bei dem zweiten Stück handelt es sich um die Tragikomödie *Das Lamm des Armen.* Die Idee dazu kam ihm bei der Arbeit an seiner Biografie über Joseph Fouché. Das Stück verursachte ihm noch lange Magenschmerzen, diesmal nicht, weil es vom Tod eines Schauspielers überschattet, sondern weil die Uraufführung immer wieder verschoben wurde.

Rechts:
Plakat für die Ausstellung der Wiener Sezession 1898
Dies war die zweite Ausstellung aus Anlass der Eröffnung des von Olbrich gebauten Gebäudes der Gruppe. Der am 25. Mai 1897 gegründeten Vereinigung gehören 18 Wiener Künstler an. Klimt, einer der Mitbegründer, ist ihr Präsident.
Historisches Museum der Stadt Wien.

Unten:
Gustav Klimt und seine Katze vor seinem Josefstädter Atelier (um 1912)
Der »König der Sezession« genannte Klimt hatte zu Beginn seiner Karriere sensationellen Erfolg. Als 26-Jähriger wurde er mit dem Verdienstkreuz in Gold ausgezeichnet.

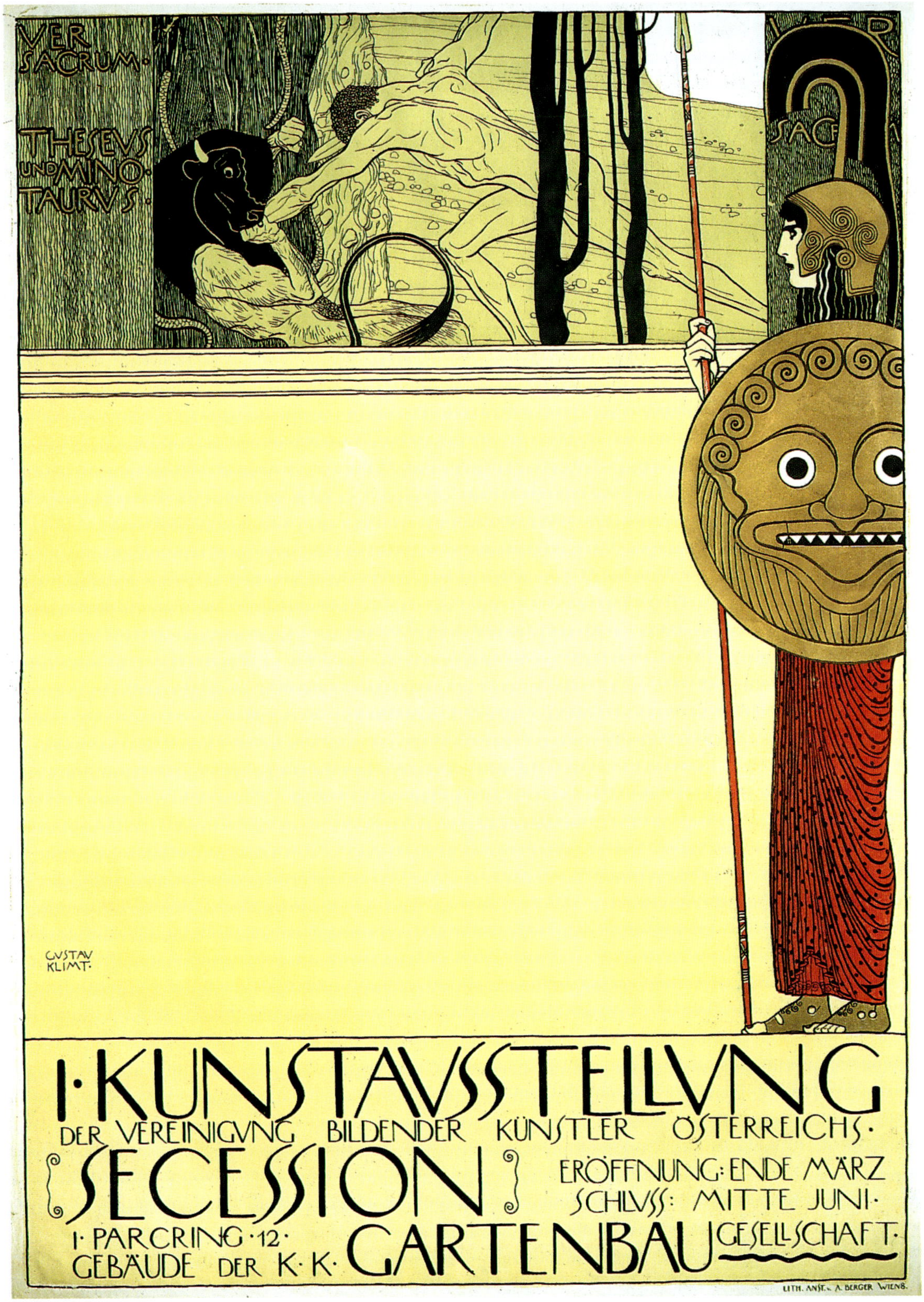

gustav klimt

(1862–1918)

Der Schriftsteller Peter Altenberg schrieb Klimt einmal, er sei ein visionärer Maler, ein Philosoph und ein moderner Dichter zugleich. Der Wiener Künstler und Mitbegründer der Wiener Sezession, der in seinen Arbeiten eine neue Intensität zu erreichen sucht, hat auch das Titelblatt für die Erstausgabe von *Ver Sacrum* (Heiliger Frühling), der Zeitschrift dieser Bewegung, gestaltet. Seine *Nuda Veritas* hält der Welt einen Spiegel vor, in dem sich nur das Nichts zu spiegeln scheint. Darüber steht das Schiller-Wort: »Kannst du nicht allen gefallen durch deine That und dein Kunstwerk, mach es wenigen recht. Vielen gefallen ist schlimm.« Metaphysisches ergänzt Klimt durch Erotisches. Etliche seiner Bilder lösen einen Skandal aus.
Die Arbeiten des in Wien tonangebenden Hans Makart beeinflussen den jungen Gustav Klimt zunächst. Für verschiedene Theater, zum Beispiel in Fiume, Budapest oder Karlsbad, fertigt er große Wandbilder in historisierendem Stil, von dem er sich aber alsbald abwendet. In der darauf folgenden Zeit entstehen einige allegorische Werke. Später kehrt Klimt zu seinem unverwechselbaren ornamentalen Stil zurück.

Rechts:
Künstler der Wiener Sezession
Klimt im Sessel, um ihn herum unter anderem Kolo Moser, Maximilian Lenz, Carl Moll.

Ganz rechts:
Nuda Veritas
von Gustav Klimt, 1899.
Die ursprünglich kriegerische Pallas Athene als Wahrzeichen der Sezession.
Österreichische Galerie im Belvedere, Wien.

die theater

»man war kein wirklicher wiener ohne dieſe liebe zur kultur, ohne dieſen gleichzeitig genießenden und prüfenden ſinn für dieſe heiligſte überflüſſigkeit deſ lebenſ« (die welt von geſtern).

Links und linke Seite:
Das Burgtheater
Der Prachtbau ist Sinnbild für das Zentrum der kulturellen Macht der Monarchie. Die Deckengemälde über der Haupttreppe wurden zum Teil von Gustav und Ernst Klimt gestaltet.

Folgende Doppelseiten:
Das Theater in der Josefstadt
Das 1788 gegründete Theater in der Josefstadt lag damals noch in einem Wiener Vorort. Heute befindet es sich im 8. Bezirk, der von Zweig bevorzugten Wohngegend. Das Repertoire des kleinen Theaters, das sich seinen altmodischen Charme bewahrt hat, umfasst typisch österreichische Stücke.

Oben sowie folgende Doppelseite:

Das Theater in der Josefstadt

Ende des 18. Jahrhunderts war die Josefstadt ein bürgerlicher Vorort. Durch die Eröffnung mehrerer Theater, darunter auch des Theaters an der Wien, entwickelte sich ein intensives Nachtleben.

Oben:
Das Burgtheater
Hierher komme man nicht, um gesehen zu werden, sondern um zuzuhören, schrieb Victor Tissot 1878. Damals wie heute wird hier das große Repertoire gespielt.

WIENER STÜCKE

In dem Briefwechsel zwischen Zweig und Arthur Schnitzler geht es immer wieder um das Theater. Nach der Premiere von Schnitzlers *Komödie der Worte* am Burgtheater 1915 schreibt Zweig: »Ich glaube, man kennt Sie nicht gut, wenn man Ihre Stücke nur im Theater und gerade bei uns im Theater gesehen hat: irgend ein Geheimnisvolles schwebt da weg, eine Atmosphäre, die sie nicht ganz zu halten wissen: die menschliche Wärme strömt manchmal zwischen den Worten aus, statt sich mit ihnen chemisch zu binden« (Brief vom 13. 10. 1915). Zahlreiche Stücke Schnitzlers spielen in der Welt des Theaters: *Der grüne Kakadu, Das neue Lied, Große Szene,* um nur einige zu nennen. Dieses Umfeld hat der Autor auch gewählt, um die Spannung zwischen Schein und Sein darzustellen. Formal und stilistisch zwischen Bühnenstück und Novelle schwankend, gelingt es ihm, beides auf einzigartige Weise effektvoll zu verbinden. Zweig ist empfänglich für diesen ungewohnten Wechsel zwischen den Gattungen. »Es gibt darum für mich eigentlich nicht wie für die meisten (die Ihre Werke in erster Linie als Theaterstücke werten) ein Mehr- oder Minder des Gefallens, ich wehre mich gegen den Vergleich und freue mich, Ihnen immer und immer wieder für das Ganze danken zu können« (*Briefwechsel mit H. Bahr, S. Freud, R. M. Rilke und A. Schnitzler,* Brief vom 20.02.1914).

Heft mit Walzerpartituren von Johann Strauß (1905)
Die österreichische Hauptstadt werde vom Geigenbogen des Komponisten regiert, sagte Victor Tissot einmal.

ÜBER DIE DRAMATISCHE ILLUSION

Die von Zweig häufig angewandte Technik der Rahmenerzählung ist nichts anderes als ein dramatischer Effekt: Jemand erzählt einem anderen eine Geschichte, wodurch eine gewisse Distanz geschaffen wird. Der Erzähler ist gleichsam der Schauspieler, der Zuhörer das Publikum. Zu Beginn der Geschichte ist es Nacht - Geständnisse fallen im Dunkeln leichter. In der Novelle *Der Amokläufer* etwa werden die Gesichter der beiden Männer nur von der Glut einer Pfeife beziehungsweise einer glühenden Zigarettenspitze erhellt. In *Vierundzwanzig Stunden aus dem Leben einer Frau* ist das Zimmer der alten Dame in Halbdunkel getaucht, »nur die kleine Leselampe auf dem Tisch warf einen gelben Kegel in den sonst dämmerhaft dunklen Raum«. Die Sprache gibt die unwirkliche Atmosphäre perfekt wieder. Selbst das tief unter der Oberfläche Verborgene wird auf diese Weise sichtbar. Nicht selten greift er in seinen Novellen

Oben:
Amok
aus dem 1934 gedrehten Film von Fjodor Otsep.

Links oben und unten:
Vierundzwanzig Stunden aus dem Leben einer Frau
Film von Dominique Delouche mit Danielle Darrieux, 1968.

auf Vergleiche mit der Theaterwelt zurück, wenn es um die Darstellung von Charme, Ritterlichkeit oder Erotik geht. So beschreibt er in *Brennendes Geheimnis* den Baron, der eine Frau verführen möchte: »Er war, wie jeder stark erotisch veranlagte Mensch, doppelt so gut, doppelt er selbst, wenn er wußte, daß er Frauen gefiel, so wie manche Schauspieler erst feurig werden, wenn sie die Hörer, die atmende Masse vor ihnen ganz im Bann spüren.«
Zweig selbst hat in seinem Leben die unterschiedlichsten Rollen gespielt: die des Intellektuellen, des Verführers, des treuen Freundes, des Erfolgsautors, des Reisenden, des Vortragsredners, des Humanisten, des Pazifisten, des Emigranten. Und doch ist er nie vollständig in ihnen aufgegangen, weil ihm die Fähigkeit zu völliger Hingabe, zur Selbstaufgabe fehlte. Er hat sich stets Zurückhaltung auferlegt. In seiner mangelnden Entschlusskraft, dem zögerlichen Sich-aus-allem-Heraushalten, sich lieber in vagen Illusionen zu wiegen, als sich der Realität zu stellen, zeigte er sich als typischer Wiener.

Arthur Schnitzler

(1862–1931)

Schnitzlers unverkennbar österreichischer Charakter lasse sich an seinem Charme, seinem Geschmack und seiner feinen Art erkennen, sagte Thomas Mann einmal. Der Autor des Stücks *Der Reigen*, das Max Ophüls so eindrucksvoll verfilmt hat, bewegt sich in einer Welt scheinbarer Leichtigkeit. Man hat ihn oft mit dem turbulenten Wien von 1900 in Verbindung gebracht oder ihn mit dem Etikett des Freudianers versehen, wobei Freud ihn in der Tat sehr bewunderte. Vieles in Schnitzlers Werk, er war selbst Arzt, nimmt die Theorien der Psychoanalyse vorweg, speziell was die Verknüpfungen von Wahrheit und Lüge, Sein und Schein, Bewusstsein und Unterbewusstsein betrifft. Als Erzähler verwendet er zuweilen den inneren Monolog, zum Beispiel in der Novelle *Leutnant Gustl*, wo sich die Handlung nur aus dem Gedankenfluss der Hauptfigur ergibt. Diese Erzählung sollte einen Skandal auslösen. In seiner Hommage aus Anlass von Schnitzlers sechzigstem Geburtstag schreibt Zweig, er habe als Spiegel »sein Werk vor die österreichische Welt gestellt« und »das Wesen dieser merkwürdigen Kultur« nachgebildet *(Europäisches Erbe)*.

Arthur Schnitzler
fotografiert von Ora, um 1915. »Nun kann (Ihren Stücken) nirgends und nie mehr Ungunst geschehen, sie schreiten weiter und weiter, werden länger dauern als das längste, was wir im Fühlen jetzt als Maß haben (…)«, schrieb Zweig Schnitzler einmal *(Briefwechsel mit H. Bahr, S. Freud, R. M. Rilke und A. Schnitzler)*.

WIEN GIBT DEN TAKT AN

Nicht nur das Theater, auch die Musik, und dazu gehört neben dem Walzer die Oper, spielt eine große Rolle im Leben der Wiener. In seinen Erinnerungen erwähnt Zweig die unglaubliche Karriere Gustav Mahlers, der 1897 mit 38 Jahren zum Direktor der Hofoper ernannt wird. In Wien ist man fassungslos, dass man einen so jungen Menschen mit einem so wichtigen Amt betraut. Doch dann begeistert er mit seiner Arbeit zehn Jahre lang das Publikum. In seinem 1915, wenige Jahre nach Mahlers Tod erschienenen Essay *Gustav Mahlers Wiederkehr* schreibt Zweig: »Damals haben wir junge Menschen an ihm die Vollendung lieben gelernt, wir haben erkannt durch ihn, daß es dem gesteigerten Willen, dem dämonischen, noch immer möglich ist, mitten in unserer fragmentarischen Welt aus dem brüchigen irdischen Material für eine Stunde, für zwei, das Ewige, das Makellose aufzubauen, und er hat uns dadurch gewärtig gemacht, es immer wieder zu erwarten« *(Europäisches Erbe)*. Ein Publikum, das so verwöhnt ist wie die Wiener, hat freilich hohe Erwartungen. Da sich jeder für einen Fachmann hält, fällt er sein Urteil mit unbarmherziger Strenge.

Die Musikanten wissen, dass sie sich nicht den kleinsten Fehler erlauben dürfen. Jede Familie, die auf sich hält, besitzt ein Klavier, die Hausfrau kann mindestens ein Lied singen und der Hausherr mindestens ein Instrument spielen, sofern sie nicht ohnehin Mitglied eines Chors oder einer Kapelle sind. Die Musik hat in Wien eine lange Tradition. Gluck, Haydn, Mozart, später Beethoven, Brahms (dem Zweig als kleiner Junge vorgestellt wurde), Bruckner - sie alle sind in Wien mit offenen Armen empfangen worden.

VERGNÜGLICHE STUNDEN

Man trifft sich beim Heurigen, dem jungen Wein, zu den Klängen einer Kapelle, oder in einem der Parks. Der Prater, das ehemalige kaiserliche Jagdrevier, das Joseph II. 1766 der Stadt geschenkt hat, lädt zu endlosen Spaziergängen ein. Auf seinem Gelände befindet sich der Wurstelprater, ein Vergnügungspark mit zahlreichen Attraktionen, zum Beispiel dem 1897 errichteten Riesenrad und der 1909 aufgebauten Achterbahn. In Zweigs Erzählung *Phantastische Nacht* verschlägt es einen gelangweilten Adligen in den Prater. Zunächst geht er zum Pferderennen, lässt sich dann aber in der Menge treiben. »(...) in einer fanatisch monotonen Art stampften die Orchestrions harte Polkas und rumpelnde Walzer, dazwischen knatterten dumpfe Schläge aus den Buden, zischte Gelächter, grölten trunkene Schreie, und jetzt sah ich schon mit irrsinnigen Lichtern die Karusselle meiner Kindheit zwischen den Bäumen kreisen.« In der wogenden, lärmenden Menschenmenge erfasst ihn plötzlich ein heißes, sinnliches Verlangen, das seine Isolation aufbricht und ihn wieder dem Leben zuführt.

Im Prater
Die Aufnahme von 1926 zeigt das Riesenrad und ein Kleinkunsttheater, in dem Possen aufgeführt wurden.

Zweig empfindet die Wiener Frivolität zuweilen als Trägheit, wenn nicht gar als Laxheit. Die berühmte Gemütlichkeit spiegelt im Grunde nur eine gewisse Gleichgültigkeit und Oberflächlichkeit wider, eine Art Rührseligkeit, für die das Jiddische den Begriff *Schmaltz* prägte. Das Amüsement spielt sich in einem operettenhaften, kitschig-süßlichen Rahmen ab, untermalt von charmanten, höflichen Floskeln, die dem Wiener Dialekt etwas überaus Liebenswürdiges verleihen, einem Rahmen, in dem Äußerlichkeiten wie Kleidung oder dem Geschirr der Kutschpferde eine besondere Bedeutung zukommt. Das Auftreten des Arztes, sagte Freud einmal, sei wichtiger als das Ergebnis seiner Behandlung. Und die Frauen werden ausschließlich nach ihrem Aussehen beurteilt. »(...) ich lächelte innerlich über ihre halb peinliche, halb wohlige Verlegenheit, wenn sie sich so sinnlich abgeschätzt und frech entkleidet fühlten«, erzählt der Protagonist in *Phantastische Nacht*. Der Blick hält fest, sucht ein erregendes Wechselspiel zu provozieren, um sich dann abzuwenden und sich von anderen Gestalten, anderen prickelnden Verlockungen fortreißen zu lassen.

DIE KAFFEEHÄUSER

In den Kaffeehäusern kann man sich eine Pause gönnen vom Geschäft der Selbstdarstellung. Man plaudert miteinander, liest Zeitung, spielt Billard, beobachtet die anderen Gäste, das Leben draußen auf der Straße. Immer neue Impressionen lassen sich einfangen. Die berühmten Feuilletons in den Tageszeitungen vermitteln ein anschauliches Bild davon. Sie sind eine Mischung aus stilistisch anspruchsvollen, flott geschriebenen Anekdoten, Betrachtungen, Erinnerungen, scherzhaften oder zusammenhanglosen Bemerkungen, flüchtigen Skizzen. In dem gedämpften Licht und der stillen, behaglichen Atmosphäre ist es ein Leichtes, einzutauchen in eine andere Welt, die Wirklichkeit hinter sich zu

Das Riesenrad
Es dreht sich in dieser Welt der Illusionen und gibt den Takt für die Vergnügungen an. Aufnahme von 1930.

Kaleschen im Prater
von Maximilian Lenz, um 1900. Der Prater ist zu einer der eleganten Wiener Promenaden geworden, und es zählt zum guten Ton, sich hier zu zeigen. Historisches Museum der Stadt Wien.

Das Riesenrad im Prater
Eigentlich sollte es entfernt werden, aber dann kam der Erste Weltkrieg, und der Generalstab beschlagnahmte es, um daraus einen Beobachtungsposten zu machen. Im Zweiten Weltkrieg wurde es allerdings zerstört. Seine Rekonstruktion erfolgte 1947. Es dreht sich mit einer Geschwindigkeit von 0,75 Metern pro Sekunde und bietet einen Ausblick über ganz Wien.

24
22

lassen. Welche Ausmaße das annehmen kann, schildert Zweig in der Novelle *Buchmendel*. In seinem Café, wo er täglich von früh bis spät an seinem Tisch sitzt, nimmt Mendel, »ein vorweltlicher Bücher-Saurier aussterbender Rasse«, absolut nichts von dem, was draußen geschieht, wahr. »Punkt halb acht Uhr morgens trat er ein, und erst wenn man die Lichter auslöschte, verließ er das Lokal. Zu den andern Gästen sprach er nie, er las keine Zeitung, bemerkte keine Veränderung (...).« Der »trägen Passivität« verfallen, »die narkotisch jedem wirklichen Wiener Kaffeehaus unsichtbar entströmt«, ist ihm nicht einmal bewusst, dass Krieg ist. Die Realität wird ihn auf traurige Weise einholen.

Roda Roda
(1872–1945)
Er war der Verfasser zahlreicher satirischer Artikel, in denen er die Monarchie aufs Korn nahm.

die kaffeehäuser

treffpunkte

Im Central verkehren die Feuilletonisten Altenberg, Polgar, Kuh, Friedell. Im Museum, das der Architekt Adolf Loos gleichsam als Gegenstück zum ornamentalen Überschwang der Epoche entworfen hat, treffen sich Roda Roda, Roth, Klimt.
Im Herrenhof ist Pollak die Hauptattraktion. Er ist verheiratet mit der berühmten Milena, hat als einziger Wiener nie gemalt oder geschrieben und ist der Einzige, von dem alle sich Geld borgen.

zeitvertreib

Man spielt Karten und Billard nach Regeln mit Namen wie *pyramides* oder *à la guerre*, italienische oder spanische Partien und liest selbstverständlich Zeitung.

ein scherz

»Ich bitte um Entschuldigung, wenn ich heute abend einen Ihrer Gäste nicht beleidigt haben sollte.«

eine anekdote

Trotzki war lange Zeit im Central beim Schachspielen anzutreffen. Als im Oktober 1917 die Nachricht von der russischen Revolution Wien erreicht, spottet der Außenminister: Der Herr Trotzki vom Café Central kann nun wirklich nicht verantwortlich sein für den Ausbruch der Revolution in Russland!

eine theorie – oder so ähnlich

Der Schriftsteller Polgar behauptet, das Café sei eine Weltanschauung, aber eine, deren verborgenster Sinn es sei, die Welt eben gerade nicht anzuschauen. Diese Weltanschauung könne auch folgendermaßen definiert werden: Wer ins Café geht, darf sich rühmen, eine Weltanschauung zu besitzen.

Unten:
Das Café Sperl (um 1900)
Das 1880 in der Gumpendorferstraße erbaute Café war ein Treffpunkt der Wiener Intellektuellen. Man kann sich eine Sammlung von Tischdecken ansehen, auf die die Stammgäste Zeichnungen gekritzelt haben.

Ganz unten:
Das Café Central
Hier verkehrten die ehemaligen Stammgäste des Griensteidl, das geschlossen hatte. Zur Gruppe des Jung Wien gesellte sich auch Peter Altenberg. Stich von Armand Kohl nach einer Zeichnung von Franz Kollarz, um 1881.

Rechts:
Plakat des Wiener Kaffeehauses »Zur Stadt Wien« im Hauptbahnhof (1915)
Kaffee trinken ist ein Ritual: Es gehört immer ein Glas Wasser dazu; Kaffee mit Milch heißt »Melange«, schwarz »Kapuziner«, goldbraun »Schale Gold«.

die kaffee-häuser

»täglich saßen wir dort stundenlang, und nichts entging uns« (die welt von gestern).

Oben:
Zeitung lesen
Eine der Lieblingsbeschäftigungen im Café. Der Zeitungshalter aus Bambus erleichtert die Handhabung.

Rechte Seite:
Im Café Hawelka
Das Café beim Auktionshaus befindet sich seit vielen Jahren in Familienbesitz. Seit 1960 ist es Treffpunkt der Wiener Literaturszene.

Folgende Doppelseite:
Kaffee
Zum Kaffee gehören immer ein Glas Wasser und ein Stück Kuchen mit viel Schlagsahne.

Seite 84-85:
Das erste Kaffeehaus
in Wien wurde 1685 von einem Armenier eröffnet, der damals die Lizenz zum Ausschank des »türkischen Gebräus« erhielt.

Seite 86-87:
Das Café Eiles

1998
GALOPP FREUDENAU

Von Geständnissen und Geheimnissen: »Wie man eine harte Muschel aufschließt …«

»Ganz besonders haben mich die Häufungen und Steigerungen interessiert mit denen sich Ihr Satz an das intimste Wesen des Beschriebenen immer näher herantastet«, heißt es in einem Brief Freuds an Stefan Zweig (*Briefwechsel mit H. Bahr, S. Freud, R. M. Rilke und A. Schnitzler,* Brief vom 19.10.1920). Freud zeigt sich beeindruckt von Zweigs Fähigkeit, selbst feinste seelische Erschütterungen durch den sprachlichen Ausdruck wiederzugeben. Er vergleicht seine Arbeit, die sich durch höchste Akribie auszeichnet, mit der eines Archäologen, der feuchtes Pauspapier auf die in einen Stein geritzten Zeichen drückt: Er erhält einen Abdruck, entdeckt aber auch bisher Verborgenes. Zweigs Sprache mit ihren Licht- und Schatteneffekten, Farbnuancen, Spiegelungen dringt unter die Oberfläche. Sie fördert immer neue Bruchstücke, Splitter, kleine Teilchen aus dem tiefsten Innern zutage. Aber es kann sein, dass zu viele gleichzeitig hervordrängen und dann plötzlich die Kontrollmechanismen versagen. In *Der Amokläufer* stellt Zweig diese Analogie her. Ein in den Kolonien praktizierender Arzt lehnt es ab, gegen viel Geld eine Abtreibung vorzunehmen. Trotz ihrer misslichen Lage - das Kind ist nicht von ihrem Mann - behandelt die betroffene Frau den Mediziner mit hochmütiger, kühler Herablassung. Er will sie erniedrigen, sie aber schlägt einfach die Tür hinter sich zu. Da gerät er in Raserei. Er vergleicht seinen Zustand mit Amok, jener blinden, nach Bewegung verlangenden Wut, die einen Menschen urplötzlich überkommt, seinen Verstand ausschaltet und seine Aggressivität weckt. »(...) denn so, genau so, mit diesem furchtbaren Blick geradeaus, ohne nach rechts oder links zu sehen, mit dieser Besessenheit stürmte ich los ... dieser Frau nach.« *Der Amokläufer* ist übrigens eine der wenigen Novellen, in der das Geständnis - der Arzt erzählt seine Geschichte einem ihm fremden Schiffspassagier - keine kathartische Wirkung hat. Der Amokläufer ist zu sehr in sich selbst gefangen: Trotz des Versuchs, sein Innerstes zu offenbaren, lässt er den Blick von außen nicht zu.

Amok
Film von Joël Farges, mit Fanny Ardant, 1993. Eine höllische Geschichte in exotischen Farben.

BEDEUTUNGSVOLLER BRIEFWECHSEL

Der über drei Jahrzehnte währende Briefwechsel zwischen Sigmund Freud und Zweig beginnt, als der Arzt 52 und der Schriftsteller 27 Jahre alt ist. Zweig hat dem »hochverehrten Herrn Professor«, wie er ihn in seinen Briefen meistens anredet, sein neuestes Buch geschickt. Freud antwortet interessiert mit einem Dankschreiben, in dem er auch seine Meinung zu dem betreffenden Band äußert. Fortan wird auch er Zweig immer ein Exemplar seiner Werke zukommen lassen. Zu einer Zeit, da die Bedeutung Freuds und seiner Lehren noch völlig unterschätzt wurde, in medizinischen Fachzirkeln ebenso wie in Intellektuellenkreisen, erkannte Zweig bereits den Stellenwert und die ungeahnten Möglichkeiten der Psychoanalyse. Freud, so stellt der Kritiker William M. Johnston fest, sei in Wien das gleiche Schicksal widerfahren wie Schönberg oder Kokoschka: Sein Genie wurde verkannt in dieser Stadt, die sich viel zu sehr an oberflächlichen Vergnügungen berauschte, als dass sie darauf hätte achten können, was unter der Oberfläche rumorte. Zweig hingegen betont den Einfluss dieser seiner Ansicht nach bedeutsamen und edlen Wahrheitssuche auf ihn persönlich und auf seine Arbeit. Er verweist insbesondere auf den unerschütterlichen moralischen Mut des Wiener Meisters, seine Position bis in die letzte Konsequenz zu verteidigen. Freud seinerseits fühlt sich Zweig durch eine geistige Verwandtschaft verbunden.

Oben:
Sigmund Freud (um 1926)
»Es gibt ebenso wenig eine hundertprozentige Wahrheit wie hundertprozentigen Alkohol!«, sagte er einmal zu Zweig *(Die Welt von Gestern).*

Rechte Seite, links:
Wohnhaus Freuds (1891–1938)
»Nur ein kleiner Kreis von Getreuen sammelte sich um den Einsamen zu allwöchentlichen Diskussionsabenden, in denen die neue Wissenschaft der Psychoanalyse ihre erste Formung erhielt« *(Die Welt von Gestern).*

WIENER PHANTASMEN

In der berühmten Berggasse 19 ist Zweig gelegentlicher Gast. Dort, in einem mit Orientteppichen ausgelegten und mit Reproduktionen von Rembrandts *Anatomie des Dr. Tulp* und Füßlis *Der Nachtmahr* geschmückten Zimmer, behandelt Freud seine Patienten. Hier lernt er durch Zweig Romain Rolland kennen. Später, im Londoner Exil - Zweig ist bereits 1936 dorthin emigriert, Freud verlässt Wien erst 1938 nach dem Anschluss Österreichs an das deutsche Reich -, bringt Zweig ihn mit Salvador Dalí zusammen. Der Maler fertigt eine Skizze von Freud an, die auf erschreckende Weise bereits dessen Tod ahnen lässt. Freud

"How can I be 'young at 12' like you Grandpa?"

FREUD

Doctor Of The Human Soul

By STEFAN ZWEIG

SIGMUND FREUD

Spratt's BONIO

HELP

STOMACH TROUBLE

KEATING'S KILLS

Vitadatio

COURAGE

REPRESSION

FAME

Remember there is more in OVALTINE more in Health-giving ingredients more in Quality more in Quantity more in Value

LUX

Links:
Zum Tode Freuds
Zweig schrieb, als Freud im Londoner Exil verstarb: »Und als wir Freunde seinen Sarg in die englische Erde senkten, wußten wir, daß wir das Beste unserer Heimat ihr hingegeben« *(Die Welt von Gestern).*

Folgende Doppelseite:
Berggasse 19
Eine sagenhafte Adresse in einem bürgerlichen Viertel.

schätzt »den jungen Spanier mit seinen treuherzig fanatischen Augen und seiner unleugbaren technischen Meisterschaft« (Brief an Zweig vom 20.07.1938). Ein Jahr später, 1939, nimmt sich der schwer krebskranke und unter enormen Schmerzen leidende Freud das Leben. Es ist Stefan Zweig, der im Londoner Krematorium die Trauerrede für ihn hält. Darin würdigt er ihn unter anderem als den Mann, der den Menschen einen »mächtigen Antrieb nach innen« gegeben habe *(Worte am Sarge Sigmund Freuds).* Bereits 1931 hatte er Sigmund Freud einen Essay gewidmet. In einem Brief äußert sich Freud folgendermaßen dazu: »Daß einem das eigene Portrait nicht gefällt oder daß man sich in ihm nicht erkennt, ist eine gemeine und allbekannte Tatsache. Darum eile ich meiner Befriedigung Ausdruck zu geben, daß Sie das Wichtigste an meinem Fall richtig erkannt haben.« Dennoch: »(...) der Kerl ist doch etwas komplizierter« (*Briefwechsel mit H. Bahr, S. Freud, R. M. Rilke und A. Schnitzler,* Brief vom 17.02.1931). Ihr Wiedersehen im Londoner Exil lässt den verzweifelten Zweig für kurze Zeit vergessen, dass Europa am Rande eines Krieges steht. In seinen Erinnerungen widmet er Freud zum Schluss hin einige Seiten des Bandes. Und, fast wie ein letzter Widerhall ihrer Freundschaft, wird auch er freiwillig aus dem Leben scheiden.

ARCHÄOLOGIE DER SEELE

Freuds Vergleich zwischen der Arbeit eines Archäologen und der des Schriftstellers Zweig kommt nicht von ungefähr. Zweig ist ein leidenschaftlicher Liebhaber antiker Kunst, zu seinem Bekanntenkreis zählt ein Wiener Experte auf diesem Gebiet. Wie der Psychoanalytiker gleichsam Schicht um Schicht des Bewusstseins abträgt, um zum Unterbewussten vorzustoßen, wie der Archäologe die Erdschichten über den Überresten einer Stadt entfernt, so hat Zweig mit dem Motiv des Geständnisses seine eigene Methode der Aufdeckung von Verborgenem geschaffen. In der Mehrzahl seiner Erzählungen

und Novellen steht die spontane Offenbarung eines Geheimnisses im Vordergrund. Die Protagonisten verspüren das übermächtige Bedürfnis, sich jemandem anzuvertrauen, meistens einem schweigsamen, unbeteiligten Zuhörer, der ihnen nicht gefährlich werden kann. Schriftliche Aufzeichnungen erfüllen gelegentlich denselben Zweck, so zum Beispiel in *Phantastische Nacht*, wo der Aristokrat sein verwirrendes Erlebnis festgehalten hat: »Aber ich schreibe diese Zeilen ja nur für mich, und sie sind keineswegs bestimmt, etwas, was ich kaum mir selber zu erklären vermag, andern verständlich zu machen. (...) ich weiß jetzt, daß ich mir dies Erlebnis nur deshalb hinschreibe, um es ganz sicher und gleichsam sachlich fixiert vor mir zu haben, es noch einmal nachzugenießen im Gefühl.« In *Brief einer Unbekannten* erhält ein Mann einen langen Brief von einer Frau, die ihn geliebt hat, ohne dass er jemals etwas davon geahnt hatte; zu dem Zeitpunkt, da er ihre Zeilen liest, ist sie bereits tot. In *Verwirrung der Gefühle* wird der Mensch, der »nur einmal in seinem Leben zu einem Menschen (sprach), um dann für immer zu schweigen«, mit dem Schwan verglichen, der der Sage nach »bloß sterbend ein einziges Mal die rauhe Stimme aufheben könne zum Gesang«. Die Charaktere sind stets um den treffenden Ausdruck, um sprachliche Nuancierung bemüht. Nie kommt man den Geheimnissen der Seele näher als in diesen Augenblicken. Vergangenheit und Gegenwart fließen ineinander und verwandeln sich in einen ganz persönlichen Raum. Die bevorzugte Zeit ist die der Dämmerung. Wer sein Innerstes bloßlegt, sucht die vor dem Blick des anderen schützende Dunkelheit. »Die Dämmerung senkt sich auf (die Geschichten, die man des Abends erzählt), (...) und all die hellen und bunten Worte, die sie tragen, haben dann einen so vollen und schweren Klang, als kämen sie aus unserm eigensten Leben.« So endet die *Geschichte in der Dämmerung*, in der Traum und Erinnerung besonders eng miteinander verflochten sind.

Oben und links:
Amok
Film von Joël Farges, mit Fanny Ardant, 1993. Wilde Leidenschaften in dieser Geschichte um ein Geständnis, nach dem es kein Zurück mehr gibt.

Rechts:
Bildnis der Kaiserin Elisabeth mit Rubinhalsband
von Georg Raab, 1878–1879. Die Kaiserin, die sich gern hinter ihrem Sonnenschirm oder ihrem Fächer vor der Welt versteckte, war zeitlebens eine geheimnisumwitterte Gestalt und ist es heute noch.
Privatsammlung, Österreich.

ENTHÜLLUNGEN

Geheimnisse sind allgegenwärtig. Solche, die man vor anderen hat, aber auch solche, die man, weil man sie verdrängt, ahnungslos in sich trägt. Ein Bekenntnis ist etwas Heikles, die Atmosphäre, in der es stattfindet, spannungs- und emotionsgeladen. Mit seinem feinen Sinn fürs Dramatische streut Zweig immer wieder Pausen in die Handlung ein, die danach gleichsam von allein wieder an Tempo gewinnt. »Wie ein Wagen, der schwer den Berg sich hinaufgemüht, dann aber von erreichter Höhe leicht rollend und geschwind die Senke herabrollt, so flügelte jetzt in entlasteter Rede ihr Bericht«, erzählt der Zuhörer der alten Dame in *Vierundzwanzig Stunden aus dem Leben einer Frau*. Dort, wo der Bericht zum Stillstand kommt, treten Details wie Gesten, Körperhaltung, Mienenspiel in den Vordergrund. Sorgfältig wird das Finale vorbereitet: das Geständnis einer homosexuellen Zuneigung oder eines Ehebruchs, die Offenbarung unausgesprochener Gefühle, die Erinnerung an eine vergangene Liebe, die Konfrontation mit einer unbequemen Wahrheit, das Erwachen ganz neuer Emotionen. »Man hat manchmal die Empfindung«, schreibt Hofmannsthal in *Gabriele D'Annunzio*, »als hätten uns unsere Väter (...) und unsere Großväter (...) nur zwei Dinge hinterlassen: hübsche Möbel und überfeine Nerven. Die Poesie dieser Möbel erscheint uns als das Vergangene, das Spiel dieser Nerven als das Gegenwärtige.« Eine gesteigerte Empfindsamkeit, eine Überspanntheit ist sicherlich ebenso ein Kennzeichen jener Epoche wie das Zweideutige und das Flüchtige.

Vierundzwanzig Stunden aus dem Leben einer Frau
Film von Dominique Delouche, mit Danielle Darrieux, 1968. Am Spieltisch kristallisieren sich die inneren Beweggründe der beiden Protagonisten heraus.

Folgende Doppelseite:
Der Rathauspark

VERSCHLEIERTES UND VERBOTENES

Die Wiener Gesellschaft ist bereits von ihrer Struktur her eine rigoristische. Ihre strenge Auffassung von Anstand und Moral sucht sie mithilfe von Tabus und Verboten durchzusetzen. Die Mädchen wachsen in völliger Unkenntnis sexueller Dinge auf, und die jungen Männer klären sich mehr schlecht als recht selbst auf – die einen wie die anderen treten unerfahren und hilflos in den heiligen Stand der Ehe. Man weicht dem Problem der Sexualität ganz einfach aus. Überall in der Stadt könne man Praxisschilder mit der Aufschrift »SPEZIALIST FÜR HAUT- UND GESCHLECHTSKRANKHEITEN« sehen, erzählt Zweig in seinen Erinnerungen. Dieses gewaltsame Unterdrücken von Sexualität hat allerdings noch einen Nebeneffekt: Die Mode betont die weiblichen Formen nur umso stärker, und die Männer demonstrieren ihre Männlichkeit durch reichlichen Bartwuchs. Jeder übernimmt nach außen hin die ihm zugedachte Rolle, doch im Korsett der Konventionen ist es schier unmöglich, sich entsprechend zu entfalten. Nicht von ungefähr waren Freuds erste Patienten an Hysterie leidende Frauen. Als markantestes Beispiel erwähnt er den Fall einer Patientin, die nach 18-jähriger Ehe noch Jungfrau war. In *Brennendes Geheimnis* ertappt ein Junge seine Mutter mit einem Mann in einer Situation, die er nicht deuten kann. Eine fremde, Furcht einflößende Welt tut sich ihm auf. Er stürzt sich auf den vermeintlichen Angreifer, muss aber flüchten, als er seine Unterlegenheit erkennt. Dem Vater verrät er nichts vom nächtlichen Abenteuer der Mutter. »Er wußte nicht, daß auch sie ihm dankbar war, aus einem unfruchtbaren Abenteuer gerettet zu sein, und ihm nun mit dieser Umarmung die bitter-süße Last der Liebe für sein zukünftiges Leben wie ein Erbe überließ.« Die Mutter kehrt unter die Kuratel von Mann und Gesellschaft zurück.

WIENER GERÜCHTE

Die doppelte Moral der Wiener Gesellschaft macht auch vor dem Herrscherhaus nicht Halt. Kaiser Franz Joseph I., eher ein Anhänger des einfachen, anspruchslosen Lebens, hat eine Geliebte, zu der er sich auch in der Öffentlichkeit bekennt, während Kaiserin Elisabeth melancholisch und desillusioniert durch Europa reist. Auf die Frage ihres Gatten, was sie sich zum Geburtstag wünsche, antwortet sie einmal, eine komplett eingerichtete Irrenanstalt. Sie besucht derartige Einrichtungen übrigens, wo immer sie sich aufhält. Der Schein allerdings muss gewahrt bleiben, auf die Äußerlichkeiten kommt es an. Noch auf dem Sterbebett soll der Kaiser den eilig herbeigerufenen Arzt seiner nachlässigen Kleidung wegen gerügt haben. Sittenwächter ist auch die Zensur. Ein von Hermann Bahr publiziertes Buch über Wien wird beschlagnahmt, weil es nach Ansicht des Bürgermeisters die Stadt in einem zu negativen Licht erscheinen lässt. »Der Wiener«, schreibt Bahr unter anderem, »ist ein mit sich sehr unglücklicher Mensch, der den Wiener haßt, aber ohne den Wiener nicht leben kann, der sich verachtet, aber über sich gerührt ist, der fortwährend schimpft, aber will, daß man ihn fortwährend lobt (...)« *(Wien)*. Auch die Presse unterliegt der Zensur: Immer wieder stößt man in den Zeitungen auf weiße, mit der Bemerkung »Konfisziert« versehene Flecken.

Vorhergehende Doppelseite:
Stadtpark, U-Bahn-Haltestelle
Das Zusammenspiel zwischen moderner Funktionalität und imposanten alten Baustilen findet sich überall in der Stadt.

VOM INNENLEBEN BEDEUTENDER MENSCHEN

In seinen biografischen Studien hat sich Zweig stets bemüht, den innersten Kern der betreffenden Persönlichkeit aufzudecken. »Und dieses innerste Gesetz, diese Charakterformation in ihrer verborgenen Einheit darzustellen ist der wesentliche Versuch meines Buches (...)«, schreibt er im Vorwort zu *Drei Meister. Balzac, Dickens, Dostojewski*. Weitere Essaybände befassen sich mit Kleist, Hölderlin und Nietzsche *(Der Kampf mit dem Dämon)*, mit Casanova, Stendhal und Tolstoi *(Drei Dichter ihres Lebens)* sowie mit Mesmer, Mary Baker-Eddy und Freud *(Die Heilung durch den Geist)*. Essays über Erasmus von Rotterdam und Montaigne vervollständigen diesen Zyklus. Hinzu kommen historische Biografien über Fouché, Marie Antoinette, Maria Stuart. Zweig ist in der Tat ein »Seelenjäger«, wie Romain Rolland ihn einmal nannte. Trotz des soliden dokumentarischen Gerüsts behält er jedoch immer einen lyrischen, romanhaften Stil bei. Das mag gelegentlich auf Kosten der Genauigkeit gehen, verleiht seinen Porträts aber eine visionäre Kraft und unnachahmliche Lebendigkeit. Insbesondere das Unergründliche zieht ihn an, die geheimnisvollen Seelenlandschaften, die Kämpfe, die im Innersten toben. Keiner habe soviel »Neuland der Seele« entdeckt wie Dostojewski, schreibt Zweig im gleichnamigen Essay und preist dessen »gleichsam traumwandlerischen Aufstiege zu den schwindelnden Gipfeln des Selbsterkennens«.

Kaiserin Elisabeth
Sie habe eine ausgesprochene Leidenschaft für alles Extreme gehabt, für alles, was sich vom gewöhnlichen Schicksal abhob, was außerhalb der Norm lag, sagte E. M. Cioran einmal.

Nach dem Studium der Medizin mit Fachrichtung Neuropathologie studiert er in Paris bei Jean Martin Charcot seelische Erkrankungen ohne organischen Befund. 1896 prägt er für seine Arbeit den Begriff Psychoanalyse. In Wien findet seine Lehre schnell Anhänger, aber natürlich auch Gegner. Mit dem »feindlichen Bruder« Alfred Adler stimmt er in einem Punkt überein: Zweig habe mit der Novelle *Verwirrung der Gefühle* »›Psychoanalyse‹ getrieben« (zitiert in Prater, *Stefan Zweig*). Zu den vielen, die Freud mit bissigem Spott überziehen, zählt auch Karl Kraus, einer der scharfzüngigsten Lästerer. Psychoanalyse sei jene Geisteskrankheit, für deren Therapie sie sich halte, hat er einmal gesagt. Man habe Freud in Wien »als eigensinnigen und peinlichen Eigenbrötler gewertet und befeindet«, schreibt Zweig in *Die Welt von Gestern*. Freuds Reaktion auf den ihm gewidmeten Essay ist zwiespältig. Er macht einige Einwände, die Zweig, dem die prosaische Materie seinen eigenen Worten zufolge Mühe bereitete, allerdings nicht berücksichtigt.

Freud in Hampstead
(1938–1939)
»(…) man fühlte sich mit jedem Wort verstanden von diesem großartig Vorurteilslosen, den kein Geständnis erschreckte, keine Behauptung erregte, und für den der Wille, andere zum Klarsehen, zum Klarfühlen zu erziehen, längst instinktiver Lebenswille geworden war« *(Die Welt von Gestern)*.

NEKROLOGE Zweig hat etliche Nachrufe geschrieben, unter anderem für Joseph Roth, Freud, John Drinkwater, Theodor Herzl, Rilke, Hofmannsthal. Mit einigen dieser Verstorbenen war er eng befreundet, andere hat er als Vorbilder bewundert. Nicht immer ist seine Freundschaft erwidert worden. Joseph Roth, der sich ständig Geld von ihm leiht und den Zweig seinen »geliebten Alpdruck« nennt, geht ziemlich hart mit dem Freund und noch härter mit dem Schriftsteller Zweig ins Gericht. Rilke hat immer Distanz gewahrt und Hofmannsthal nie einen Hehl aus seiner Verachtung für Zweigs schriftstellerische Arbeit gemacht (er verhindert sogar die Aufführung von dessen Stücken bei den Salzburger Festspielen). Und dennoch behauptet Franz Werfel von Zweig: »Es gibt keinen zweiten Schriftsteller, der mit ähnlicher Großmut und Freigebigkeit seinen Kollegen geholfen hat wie er« (Bronsen, *Joseph Roth*).

Zweigs Reden oder Aufsätze zum Tod eines Freundes spiegeln aufrichtige Erschütterung wider. Hinter der etwas gestelzten Sprache verbirgt sich nichts anderes als die Angst vor der Finsternis. In der Trauerrede für einen anonymen Freund schreibt er, die innerste Wahrheit verberge sich hinter einer wunderbaren, vielleicht auch schmerzlichen Einsamkeit; niemand habe den Verstorbenen wirklich gekannt, selbst die, die ihm nahe standen, hätten diese Wahrheit nur gestreift. Ein Satz, der auch auf ihn selbst zutreffen könnte.

Weder die Geständnisse in seinen Novellen noch seine Biografien enthüllen etwas über den Menschen Zweig. Der literarische Schaffensprozess ermöglicht es ihm, sein, wie er es in dem Gedicht *Ballade von einem Traum* formulierte, »buntes Kleid von Schein« anzulegen. Er hat sich zeitlebens bemüht, sich sein »Urgeheim« zu bewahren (zitiert in Prater, *Stefan Zweig*). Sogar Friderike, seine Frau, muss erfahren, dass er stets eine gewisse Distanz wahrt. Ohne etwas von seinem Innersten preiszugeben, wechselt er unablässig die Rollen. 1927 schreibt er seiner Frau: »Je weniger ich von dem Spiegelwesen St. Z. höre, desto mehr bin ich mein Ich: einmal möchte ich es noch ganz und gar sein« *(Briefwechsel 1912–1942)*. Sollte er sich mit seinem Freitod diesen Wunsch erfüllt haben?

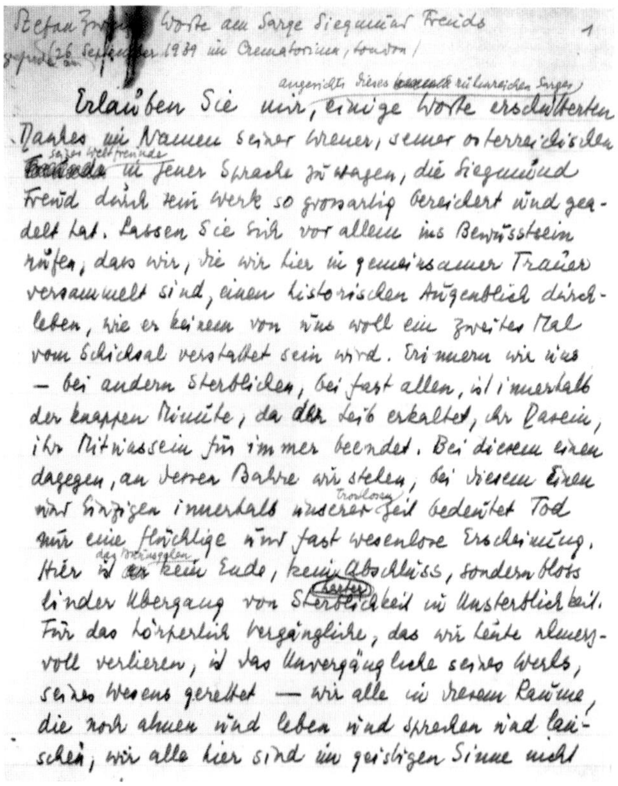
Worte am Sarge Siegmund Freuds 1
(26. September 1939 im Crematorium, London)

Erlauben Sie mir, angesichts dieses ruhmreichen Sarges einige Worte erschütterten Dankes im Namen seiner Wiener, seiner österreichischen, seiner Weltfreunde in jener Sprache zu sagen, die Siegmund Freud durch sein Werk so grossartig bereichert und geadelt hat. Lassen Sie sich vor allem ins Bewusstsein rufen, dass wir, die wir hier in gemeinsamer Trauer versammelt sind, einen historischen Augenblick durchleben, wie er keinem von uns wohl ein zweites Mal vom Schicksal verstattet sein wird. Erinnern wir uns – bei andern Sterblichen, bei fast allen, ist innerhalb der knappen Minute, da der Leib erkaltet, ihr Dasein, ihr Mitunssein für immer beendet. Bei diesem einen dagegen, an dessen Bahre wir stehen, bei diesem Einen und Einzigen innerhalb unserer trostlosen Zeit bedeutet Tod nur eine flüchtige und fast wesenlose Erscheinung. Hier ist das Hinübergehen kein Ende, kein harter Abschluss, sondern bloss linder Übergang von Sterblichkeit in Unsterblichkeit. Für das körperlich Vergängliche, das wir heute schmerzvoll verlieren, ist das Unvergängliche seines Werks, seines Wesens gerettet – wir alle in diesem Raume, die noch atmen und leben und sprechen und lauschen, wir alle hier sind im geistigen Sinne nicht

Links:
Zweig-Manuskript
Worte am Sarge Sigmund Freuds, 1939. Der Tod des Wiener Arztes hat Zweig, der in London eine Art emotionale Zuflucht bei ihm fand, tief erschüttert.

Rechte Seite:
Tod und Leben
von Gustav Klimt, 1911. Der Maler, dessen große Themen Liebe, Tod und Eros sind, ist in seinem flächenhaften Stil und mit seinem gleichmäßigen Farbauftrag von der japanischen Kunst und der byzantinischen Malerei beeinflusst.
Privatsammlung.

GVSTAV
KLIMT

Linke Seite:
Straße im Herzen von Wien
Die traditionsreiche Stadt lässt überall eine Vorliebe für das Verspielte, Gefühlsbetonte erkennen, das zuweilen beunruhigend wirkt.

Oben:
Das Treppenhaus in Zweigs Haus

Folgende Doppelseite:
Die Universität
Das neue Universitätsgebäude am Ring wurde vom Kaiser 1884 eingeweiht, es vereint barocke und florentinische Elemente.

Unten:
Seelische Last
Bruno Bettelheim schrieb einmal, der Arbeit bedeutender Wiener sei es zu verdanken, dass jeder Mensch sein Schicksal selbst bestimmen könne, anstatt sich von seinem Unterbewussten in den Abgrund reißen zu lassen, wie es der Thronfolger einer der ältesten Monarchien der Welt getan habe.

Rechte Seite:
Atlanten und Karyatiden
Angestrahlt von einem besonderen Licht, sei den Gebälkträgern etwas Fratzenhaftes und Lebendiges zu Eigen, heißt es in einem Text von Victor Tissot.

Folgende Doppelseite:
Wiener Innenhof
Das ständige Spiel von Licht und Schatten schafft reizvolle Effekte.

»die Leise strasse der wehmut«

»So sprecht und wählt, ihr Erinnerungen, statt meiner, und gebt wenigstens einen Spiegelschein meines Lebens, ehe es ins Dunkel sinkt!«, schreibt Zweig im Vorwort zu *Die Welt von Gestern*. Seine Lebenserinnerungen entstehen in der schweren Zeit während des Exils, ein Jahr, bevor er den Freitod wählt. Obwohl sie eine Vielzahl düsterer Prophezeiungen und pessimistischer Aussagen zu den politischen Ereignissen enthalten, spiegeln sie insgesamt seltsamerweise eine eher heitere Stimmung wider. Auch Zweig selbst schwankt zwischen überschäumender Energie und schwersten Depressionen.

IM STRUDEL TRAGISCHER EREIGNISSE

Die Welt von Gestern markiert das Ende einer Ära, und die neue kündigt sich an mit einem Krieg, dem Zerfall des Habsburgerreichs und dem unaufhaltsamen Aufstieg der Nazis, von deren barbarischer Herrschaft Zweigs letzte Lebensjahre überschattet sein werden. Seine Erinnerungen an Wien sind dennoch angenehmer Natur. »Es war lind«, in dieser genießerischen, der Kunst hingegebenen Stadt zu leben, deren Grundsatz lautete: »Leben und leben lassen« *(Die Welt von Gestern)*. Und doch zeigt die alte Ordnung erste Risse, ist die Donaumonarchie nichts anderes mehr als Kulisse. Die Wiener Architektur greift diese Kunst des schönen Scheins auf. Wenngleich die Palais und historischen Bauwerke am Ring in verschiedenen Stilrichtun-

Der Ring, die Hofburg und die Oper
Wo sich gestern noch große Wälder erstreckt und drohende Bastionen erhoben hätten, schrieb Victor Tissot einmal über Wien, ginge man heute über Prachtstraßen an prunkvollen Gebäuden mit prächtigen Fresken und Aufgängen aus Marmor vorbei.

gen erbaut sind, haben sie doch eins gemeinsam: die prunkvollen Fassaden, von denen die meisten mit steinernen Statuen versehen sind, die ein Gewölbe, einen Giebel oder einen Balkon tragen. Diesen Atlanten, Sinnbild für einen unterworfenen Gegner, ist durch die gebeugte Kopfhaltung etwas Anrührendes zu Eigen. Trotz - oder vielleicht wegen - ihrer auffälligen Häufung strahlen sie weniger etwas Siegreiches als etwas Beunruhigendes aus: Ihr Anblick mahnt an die Vergänglichkeit des Lebens und hat zugleich etwas von der Faszination des Todes.

Richard Gerstl
(1883–1908)
Lachendes Selbstbildnis, 1908.
Der Maler hatte eine leidenschaftliche Affäre mit der Frau seines besten Freundes Arnold Schönberg und beging daraufhin Selbstmord. Österreichische Galerie im Belvedere, Wien.

Ferdinand Raimund

(1790–1836)

Der Schauspieler und Dramatiker ist ein Meister der Komik. Auf der Bühne trägt er seine Texte in immer neuen Variationen vor. Als Autor vermischt er Märchenhaftes und Komisches, Ernstes und Possenhaftes. Er thematisiert aber auch das Selbstzufriedene, das Spießbürgerliche der Wiener Gesellschaft, jene Eigenschaften, die später im Begriff Biedermeier ihren Niederschlag finden sollten. Sein Privatleben verläuft weniger harmonisch, und auch sein Ende ist tragisch: Er erschießt sich, nachdem er von einem Hund gebissen wurde, den er für tollwütig hält. Ein Arzt wird seinen Schädel vom Körper abtrennen und später Raimunds Geliebter schenken, die ihn jahrelang unter ihrem Kopfkissen aufbewahrt, bis die Erben ihn eines Tages zurückverlangen ...

Ferdinand Raimund
Um ihn zu sehen, strömte das Publikum ins Theater in der Leopoldstadt, dessen Direktor der Schauspieler und Dramatiker werden sollte.

ENDLICH SCHLUSS MACHEN

Die Wiener haben eine innige Beziehung zu ihren Toten. Friedhöfe und Gräber sind ihnen heilig. Der Tod ist allgegenwärtig, der Freitod für viele eine Versuchung. Einige bedeutende Wiener haben sich für ihn entschieden, wobei sie zuweilen eine übertriebene Neigung zum Absurden bewiesen. Der Bühnenautor und Schauspieler Raimund erschießt sich aus Angst vor einem qualvollen Tod, nachdem er von einem vermeintlich tollwütigen Hund gebissen wurde. Der Philosoph Otto Weininger begeht Selbstmord in Beethovens Sterbehaus. Schnitzlers Tochter Lilli scheidet ebenso freiwillig aus dem Leben wie der Maler Gerstl, der vorher noch einen Teil seiner Werke zerstört. Und dann ist da noch der geheimnisumwitterte Selbstmord des Kronprinzen Rudolf 1889 in Mayerling. Zweig greift das Thema des Suizids immer wieder auf. Der Amokläufer in der gleichnamigen Novelle ertränkt sich; die Dienerin Leporella, die aus Liebe zu ihrem Herrn einen Mord begeht, stürzt sich in den Donaukanal, als sie begreift, dass ihr Verbrechen sinnlos war, weil sie seine Zuneigung dadurch nicht gewonnen hat; der in die schöne Gräfin verliebte Kellner wirft sich vor einen Zug: »Und schließlich glänzte noch die sanfte Spiegelung dieser letzten Tage aus den wachen Träumen; und jählings stießen sie wieder das dunkle Tor der Wirklichkeit auf, das er durchschreiten mußte. Er besann sich, daß er noch heute sterben wollte« *(Der Stern über dem Walde).* In *Ungeduld des Herzens* stürzt sich die junge Gelähmte nach mehreren gescheiterten Selbstmordversuchen in den Tod. In *Angst* will sich die Frau, die ihren Ehemann betrogen hat und jetzt erpresst wird, vergiften: »Starr sah sie zu, wie der Tod aus diesem Gefäß in das kleine wanderte, von dem er bald in ihre Adern strömen sollte, und ein Gefühl von Kälte rieselte durch ihre Glieder. Sinnlos, in einer Art von Hypnose, starrte sie auf seine Finger, die jetzt den Pfropfen in das gefüllte Glas bohrten und jetzt mit Papier die gefährliche Rundung überklebten. Alle ihre Sinne waren gefesselt und gelähmt von dem grausigen Gedanken.« Zweig selbst hat mehrmals davon gesprochen, sich das Leben nehmen zu wollen. Zermürbt von Depressionen, verzweifelt angesichts des Wahnsinns, der in der Welt wütet, erscheint ihm das Leben als nicht mehr lebenswert. Er hat den Glauben an die Zukunft, ja sogar in seine eigenen Fähigkeiten verloren: Seine Studie über Montaigne bleibt unvollendet, ebenso die geplante vollständige Balzac-Biografie.

otto weininger

(1880–1903)

»Von keiner der bedeutenden Gestalten unserer Generation sind weniger Begegnungen berichtet als von Otto Weininger, der mit 24 Jahren, knapp vor dem Anbruch seines Ruhms, sich mit einer Revolverkugel den Schädel zerschmetterte«, schreibt Zweig in dem Essay *Vorbeigehen an einem unauffälligen Menschen - Otto Weininger*. Aus der Dissertation des unauffälligen Studenten Weininger, *Eros und Psyche*, wird das berühmte Buch *Geschlecht und Charakter*. Der Jude Weininger, den Zweig an der Universität trifft, ist ein Frauenfeind und bekennender Antisemit. Kurz vor seinem Selbstmord tritt er zum Protestantismus über. Er verkörpert das düstere Feuer einer begabten Jugend, die sich zu rasch verzehrt.
Er konnte diese Welt nicht ertragen. Zweig hatte es im Vorbeigehen erkannt.

die welt der bücher

»und vor allem, wir lasen, wir lasen alles, was uns zu händen kam« (die welt von gestern).

Balzac
Der Name scheint für Zweig eine bittere Metapher für das Unvollendete zu sein. Keiner, der versucht habe, eine umfassende Biografie des französischen Schriftstellers zu schreiben, habe sein Unterfangen zu Ende gebracht, bemerkt er einmal. Ihm sollte es nicht anders ergehen.

Antiquariat Gilhofer
Zweig hatte sich seiner entsprechenden Sammelleidenschaft wegen den Spitznamen »Autographus« gegeben.

Folgende Doppelseite:
Die Österreichische Nationalbibliothek
Mit dem Bau der von Fischer von Erlach entworfenen Bibliothek wurde 1722 begonnen. Der Sohn setzte die Arbeit des Vaters fort. Der Prunksaal mit Querschiff, Schiff und Säulen strahlt die feierlich-erhabene Atmosphäre einer Kirche aus.

XLVIII

Endlose Bücherreihen
Die Österreichische Nationalbibliothek umfasst etwa zweieinhalb Millionen Bände, darunter Kostbarkeiten von unermesslichem Wert. Holztäfelungen, Goldverzierungen und Skulpturen verleihen den Räumen etwas Majestätisches.

LXII
LXIII

Joseph Roth

(1894–1939)

Zweig hielt 1939 in Paris die Gedenkrede für Joseph Roth. Er zeichnet darin das Bild des ewigen Nomaden mit dem »Dichterherz«, der im immer gleichen grauen Mantel von Hotel zu Hotel zieht, in der Hand den kleinen Koffer mit seinen Blättern und Bleistiften. Der aus Galizien stammende Roth wächst in bitterer Armut auf und kann sich nur mit größter Mühe sein Studium finanzieren. Nach dem Krieg wird er Reporter bei der *Frankfurter Zeitung*. Er ist ein unsteter Mensch, verbringt seine letzten Lebensjahre dann aber in Paris. Rastlosigkeit und Einsamkeit, aber auch der Untergang der Donaumonarchie (den er insbesondere in *Radetzkymarsch* und *Die Kapuzinergruft* schildert) sind die zentralen Themen seines Werks. Von Zweig erhält er immer wieder großzügige finanzielle Unterstützung, ärgert sich jedoch darüber, dass er sich oft genug vorher eine Moralpredigt anhören muss.

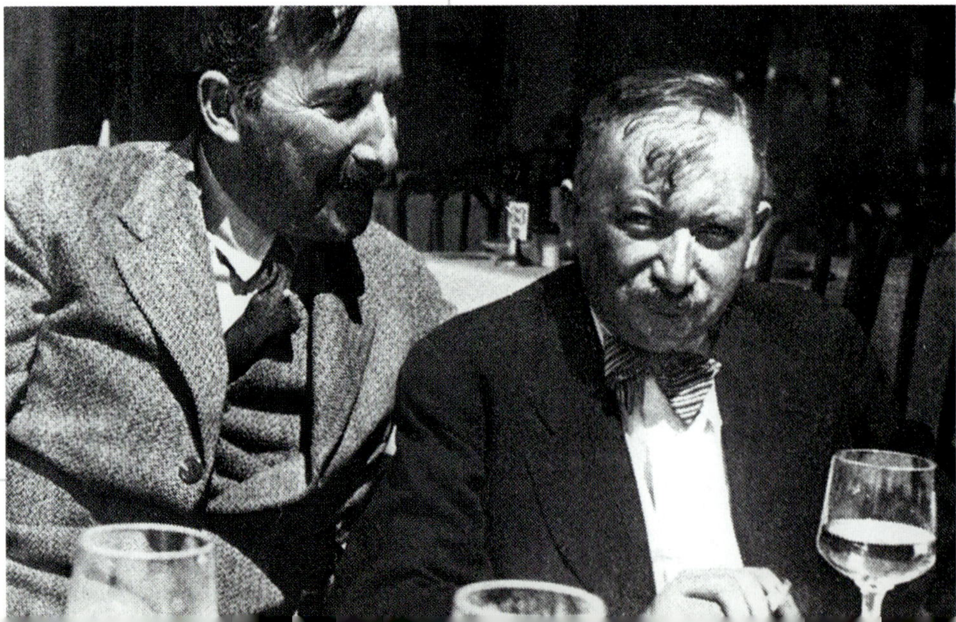

Stefan Zweig und Joseph Roth in Ostende (1936)
Er habe ihn eine Zeit lang unterstützt, schrieb Zweig einmal, sehe aber schwarz für ihn, weil die Verkaufszahlen rapide sinken und seine Probleme wachsen würden.

DER AUTOGRAPHEN-SAMMLER

Bereits als junger Mensch interessierte sich Zweig für eigenhändig geschriebene Schriftstücke berühmter Persönlichkeiten, insbesondere Entwürfe von Dichtungen oder Kompositionen, weil diese einen Einblick in das Geheimnis des kreativen Prozesses ermöglichen. Durchgestrichenes, Verbessertes, Hinzugefügtes, mehr oder weniger endgültig Formuliertes – alles aufregende, faszinierende Zeugnisse der inspirativen Momente wie der harten Arbeit, aus der Zeile für Zeile ein Musikstück oder ein Text erwächst. Zweig hat eine unglaubliche Sammlung solcher Kostbarkeiten zusammengetragen, die später, in den Jahren im Exil, in alle Winde zerstreut wird. Vielleicht ist es der wehmütige Hauch des schwer Fasslichen, das ihn, den ewigen Jäger, so gereizt hat. Das Gedächtnis ist für ihn von allergrößter Wichtigkeit. In einer Zeit, da alle Werte ihre Gültigkeit verloren, die Ordnung aus den Fugen geriet, gab es nur das Vergängliche, das Provisorische. Zweig hat immer

wieder sein Losgelöstsein von allen Wurzeln betont. So war es ihm möglich, die als unsicher erlebte Realität aus der Distanz heraus, als passiver Beobachter, zu registrieren.

WIRRE TRÄUMEREIEN

Zweigs Erinnerungen sind ein zwischen Licht und Schatten wechselndes Gemälde mit traumähnlich verschwommenen Konturen. Der kleine Junge in *Brennendes Geheimnis* begreift undeutlich, dass »die Welt der Aufregungen (...) immer dort gültig (war), wo die Märchen waren, hart hinter den Träumen, im Unwirklichen und Unerreichbaren«. Die Personen in seinen Novellen scheuen die Konfrontation mit der Wirklichkeit. Stattdessen geben sie sich, meist wohlig schaudernd, Trugbildern, Phantastereien hin, durch die sie zu sich selbst finden. Das Imaginäre ist jedoch eine unbeständige Welt, deren schillernde Farben zuweilen ihren Glanz verlieren. Die impressionistischen Motive des Verblassens und des Rauschhaften ziehen sich durch Zweigs ganzes Werk. In *Rausch der Verwandlung* steigt die Heldin aus bitterster Armut in ein glanzvolles, luxuriöses Leben auf. Sie streift die alte Haut ab und schlüpft in eine aufregend neue. Doch dann, als gehässige Gerüchte über ihre Herkunft auftauchen, stürzt die Traumwelt in sich zusammen. »Auf nichts mehr einen Blick tun, nicht erinnert werden, daß von jetzt für ewig diese Berge für andere sind, für andere die Spielplätze und ihre Spiele, die Hotels und ihre spiegelnden Zimmer, die donnernden Lawinen und die atmenden Wälder, und nichts davon mehr für sie, nie mehr, nie mehr!« Es gibt keine Moral, in der Welt des Affektierten und des zur Schau gestellten Glücks so wenig wie in der Welt der Tagträume. Das muss auch der verliebte Kellner in *Der Stern über dem Walde* erkennen, den seine Träume in ein unbekanntes Land entführen. »Es war der Taumel eines schlichten Menschen (...). Und Träume solcher Menschen sind wie die ruderlosen Boote, die ziellos in schaukelnder Wollust auf stillen, spiegelnden Wassern treiben, bis plötzlich ihr Kiel mit jähem Ruck an ein unbekanntes Ufer stößt.« Die Wirklichkeit erweist sich als die Stärkere, sein heimliches Verlangen wird den Lauf des Schicksals nicht ändern. Als er beschließt, in den Tod zu gehen, bedeutet dies, dass er sich zwischen der bedrohlichen Realität und seinem träumerischen Verlorensein entschieden hat. In *Die Liebe der Erika Ewald* begegnet die Heldin einem Musiker, der ihr als die Verkörperung all ihrer Sehnsüchte erscheint. Das wirkliche Leben geht an ihr vorbei, bis es ihr gelingt, ihre Träume mit einem kleinen Stück Realität in Einklang zu bringen. Dann erwacht

Linke Seite, rechts:
Spaziergang im Prater
von Wilhelm Gause, 1890. Hier promeniert die Wiener Gesellschaft um die Jahrhundertwende. Zweigs Helden sind immer von einer Aura der Ungewissheit umgeben. Wehmütige Bilder gaukeln ihnen die Möglichkeit einer Rückkehr vor, versprechen Leiden oder Erlösung.

Links:
Späße im Prater
Fotomontage, September 1913. Von links nach rechts: Franz Kafka, Albert Ehrenstein, Otto Pick und Lise Kazrelson.

sie für kurze Zeit aus ihrer Lethargie, und etwas undeutlich Gefühltes steigt in ihr empor. »Es gibt leere, inhaltslose Stunden, die Schicksal in sich bergen. Sie steigen auf wie dunkle gleichgültige Wolken, die kommen, um sich wieder zu verlieren, aber sie bleiben hartnäckig und trotzig.« Die kindliche Eigenart, auch Gegenstände als etwas Lebendiges zu betrachten, kommt immer wieder ins Spiel.

TROSTLOSE KINDHEIT

Für Zweig ist Kindheit eng mit dem Begriff Wehmut verknüpft. Ein dem Band *Erstes Erlebnis* vorangestelltes Gedicht beginnt mit den Worten: »O Kindheit, wie ich hinter deinen Gittern, / Du enger Kerker, oft in Tränen stand (...)« und endet mit den Versen: »Und doch, Entsinnen bringt mir oft Bedauern: / ›O süße Angst, der ersten Dämmerungen! / O könnt ich heim! Wie war ich rein und kühl!‹« Edgar, der junge Held aus *Brennendes Geheimnis*, fühlt sich in schmerzlicher Weise ausgestoßen aus der Welt der Erwachsenen, die seinen einfachen Gefühlen wie Vergnügen oder Wut sehr viel komplexere und deshalb erschreckende entgegensetzen. In *Die Gouvernante* wundern sich die beiden Schwestern, warum das Kindermädchen plötzlich so niedergeschlagen ist. Sie ahnen nicht, dass sie das Haus verlassen muss, weil der junge Herr, ihrer beider Cousin, sie geschwängert hat. Für die Schwestern hat es den Anschein, als hätte die Gouvernante sie im Stich gelassen, und »ein jähes Grauen schüttelt sie, eine Angst vor alledem, was nun kommen wird aus dieser unbekannten Welt, in die sie heute den ersten erschreckten Blick getan haben«. Zweig hat in seiner Kindheit selbst unter der scheinheiligen Moral einer Gesellschaft gelitten, von der die Kinder ausgeschlossen wurden. Am strengen Vater und der oberflächlichen, auf den äußeren Schein bedachten Mutter konnte er sich in emotionalen Dingen kein Vorbild nehmen.

SCHWIERIGE WENDEKREISE

Als Erwachsener wird Zweig seine mangelnde Fähigkeit, Gefühlsregungen zu empfinden, beklagen, ja, in seinen Tagebüchern geht er sogar so weit, von Gefühlskälte zu sprechen. In *Phantastische Nacht* beschreibt er diese innere Lähmung, die auf heimtückische Weise den Helden ergriffen hat: »In diesem Augenblicke war mir zum ersten Male ganz bewußt, wie weit der Erstarrungsprozeß in mir fortgeschritten war – ich glitt eben durch wie auf fließendem, spiegelndem Wasser, ohne irgend verhaftet, verwurzelt zu sein, und ich wußte ganz genau, daß diese Kälte etwas Totes, Leichenhaftes war, noch nicht umwittert zwar vom faulen

Oben:
Bildnis der Adele Bloch-Bauer
von Gustav Klimt, 1907.
Auf dem berühmten Gemälde verschmilzt die dargestellte Gestalt mit dem Hintergrund aus ineinander greifenden geometrischen Motiven. Österreichische Galerie im Belvedere, Wien.

Rechte Seite:
Die Schwestern Fey
von Richard Gerstl, 1906.
Dem von den französischen Impressionisten geprägten Maler gelang der Übergang zum Expressionismus, als dessen erster Vertreter in Österreich er gilt.
Österreichische Galerie im Belvedere, Wien.

Hauch der Verwesung, aber doch schon rettungslose Starre, grausam-kalte Fühllosigkeit (...).« Über sein Liebesleben spricht Zweig so gut wie nie. In seinen Erinnerungen erwähnt er weder Friderike, seine erste Frau, noch Lotte, seine zweite, die damals, zur Zeit der Niederschrift, sein Leben teilt. Er spielt lediglich auf seine Affäre mit Marcelle an, der jungen französischen Putzmacherin. Da ist er bereits mit Friderike von Winternitz verlobt, die auf seinen Wunsch hin die Scheidung einreichen wird. »Bleib nur frei und kühl, wie Du Dir zu sein dünkst«, schreibt sie ihm am 18. März 1914. »Ich glaube an Dich - aber ich will nichts von Dir. Ich habe mich jetzt frei gemacht, weil ich reiner vor Dir und vor mir selbst sein will und weil es ein Wunsch von Dir war. Es war der erste, den Du geäußert hast, und ich wartete schon lange auf einen« *(Briefwechsel 1912-1942).* Von seinen Freundschaften, die meistens auf seine Initiative zurückgehen, ist er häufig enttäuscht und fühlt sich in eine undankbare Rolle gedrängt. Uneigennützig bringt er seine Freunde mit anderen Bekannten zusammen. Nicht immer wird ihm seine Großzügigkeit gedankt. Joseph Roth etwa lässt sich des öfteren zu geringschätzigen Äußerungen über seinen Gönner und dessen Werk hinreißen. Schnitzler, ebenfalls ein langjähriger Bekannter, erzählt ihm eines Tages von einem Traum, in dem Zweig ihn nach Sibirien transportierte: »Ich war nur auf sechs Monate verbannt, hatte aber den leisen Verdacht gegen Sie, dass Sie mich für immer dort lassen wollten« (*Briefwechsel mit H. Bahr, S. Freud, R. M. Rilke und A. Schnitzler,* Brief vom 02.12.1914). Und in seinem Tagebuch notierte er einmal, Zweig habe eine Menge Talent, eine Menge Zeit, aber dennoch nichts von einem wahrhaft kreativen Geist. Zweig hat zeitlebens nach großen Vorbildern gesucht. Gefunden hat er sie letztendlich nicht, weder in Verhaeren noch in Romain Rolland, noch in Freud.

FEHLSCHLÄGE UND NIEDERLAGEN

Sein Leben lang wird Zweig seine literarischen Fähigkeiten eher skeptisch beurteilen. Ganz zu Anfang seiner Karriere schreibt er dem Herausgeber der Berliner Zeitschrift *Deutsche Dichtung,* Karl-Emil Franzos, er wisse, dass die meisten seiner Arbeiten »flüchtig und übereilt« seien, dass er »im besten Falle ein bischen Talent für die Scizze oder Lyrik« habe, »das aber durchaus nicht original«, weil dies auf die Lektüre früherer Jahre zurückzuführen sei (*Briefe 1897-1914,* Brief vom 03.07.1900). Darüber hinaus belasten ihn die politischen Veränderungen seiner Zeit über alle Maßen. Jahrelang sucht er seine persönlichen Krisen durch permanentes Reisen zu überwinden, um sich wenigstens einen Anschein von Freiheit bewahren zu können. Mit der erzwungenen Flucht ins Exil ist auch das zu Ende. Das Europa, an das er so fest geglaubt hat, existiert nicht mehr. Nicht nur die Welt von Gestern ist ausgelöscht worden: Es ist, als hätte sich der Mensch Zweig im Laufe der Jahre nach und nach aufgelöst. Alle diese Niederlagen, persönliche und sonstige, ziehen ihn immer mehr vom Licht in den Schatten. »Die leise Straße der Wehmut« verliert sich in der Dunkelheit.

Lust, Eros und andere »sexuelle Empfindungen«

»Es war, als glimme eine kleine prickelnde Flamme tief unten und warte nur auf den Wind, der das Feuer aufpeitschte, daß es über ihrem Haupte zusammenschlage« *(Angst)*. Zweigs Novellen handeln im Wesentlichen von Verführung, Sinnlichkeit, plötzlich entdeckter lustvoller Körperlichkeit. Die Skala der Gefühle reicht von bebendem Verlangen, Sinnenrausch, Leidenschaft und Begierde bis zur Raserei. Untreue Eheleute, glückselig Verliebte, Verführer oder Unerfahrene, alle sind sie vertreten. Die ganze Wiener Gesellschaft der Jahrhundertwende nimmt teil am erotischen Reigen.

Doppelakt, zwei Frauen von Oskar Kokoschka, 1912. Sein erstes Werk widmet Kokoschka Gustav Klimt, den er als seinen Lehrer betrachtet. Davis Museum, Wellesley, Massachusetts.

BILDERBOGEN Zweig stellt dieses geschlossene Universum ästhetisierend in vielen kleinen Gemälden dar, die die verschiedenen Abstufungen illustrieren: den Übergang von der Träumerei zur Ekstase, von zarter Berührung zum vollzogenen Akt, von der Lust zur Reue. Psychologisch glaubhaft zeichnet er Figuren in impressionistisch angehauchtem Rahmen, er führt die Handlung in gleichbleibendem Rhythmus und verwendet oft Metaphern aus dem Bereich der wilden, ungezähmten Natur. Mit beinahe wissenschaftlicher Präzision, nicht unbedingt wohlwollend, aber auch nicht wertend, betrachtet und beschreibt er diese Frauen und Männer, die sich begegnen und berühren, ihre rauschhaften, überschäumenden Emotionen, das verzehrende Feuer. Die geschilderte Realität ist die der in Konventionen erstarrten Gesellschaft der damaligen Zeit. Der gelangweilte Aristokrat, der sich im Prater amüsieren will, bleibt von den Vergnügungen der einfachen Leute ausgeschlossen; die junge Frau aus bescheidenen Verhältnissen hat keine andere Wahl, als sich von ihrem Liebhaber aushalten zu lassen; eine andere entscheidet sich für eine Vernunftehe, als sie schwanger wird, um ihrem in der Armee dienenden Vater keine Schande zu bereiten. Christine, die Heldin in *Rausch der Verwandlung*, der der gesellschaftliche Aufstieg gelungen ist, wird unversehens wieder von ihrer Vergangenheit eingeholt: »›Ein aufgeblasener Lümmel wie dieser Trenkwitz wird sich das zehn Jahre nicht verzeihen, zu einer Postangestellten höflich gewesen zu sein, das wurmt einen solchen alten Strohkopf mehr als ein kranker Zahn.‹« Nichts vermag dieses feste Gefüge der gesellschaftlichen und moralischen Ordnung zu sprengen. Eine Vermischung der sozialen Schichten findet nicht statt. Und wer sich dennoch von der Liebe oder seinem sexuellen Verlangen zum Ausbruch aus den Konventionen verleiten lässt, muss mit einer harten Strafe rechnen. Die unausgefüllte Ehefrau, die ihren Mann betrügt, bezahlt für ihren Seitensprung mit nackter Angst. Die junge Frau, die dem Mann auf sein Zimmer folgt, flüchtet in plötzlicher Panik. Für beide ist es schwer, den entscheidenden Schritt zu tun. Die wahren Gefühle sind unerreichbar fern.

Um den starren Normen der Gesellschaft folgen zu können, müssen die eigenen Empfindungen verdrängt werden. Die ständige Angst aus dem engen Rahmen auszubrechen und dabei entdeckt zu werden, führt zu neurotischem Verhalten.

Von links nach rechts:
Blick auf den Ring
Im Hintergrund ist die Oper zu sehen.

Künstlercafé in Wien
nach Wilhelm Gause, 1900. Das Kaffeehaus ist ein beliebter Treffpunkt und Ort der Begegnung.

Rechte Seite:
Tod und Mädchen
von Egon Schiele, 1915. Schiele ist wie Kokoschka ein Schützling Klimts.
Österreichische Galerie im Belvedere, Wien.

KÜNSTLICHE FREUDEN

Die emotionale Leere wird meistens durch Vergnügungen kompensiert. »Wir gingen zusammen in ein Konzert«, erzählt die Heldin in *Brief einer Unbekannten*, »trafen dort heitere Gesellschaft, soupierten in einem Ringstraßenrestaurant, und dort, mitten im Lachen und Schwätzen, machte ich den Vorschlag, noch in ein Tanzlokal, in den Tabarin, zu gehen. (...) in mich kam mit einemmal eine ganz rasende, ja fast schmerzhafte Lustigkeit (...).« Man lässt sich mitreißen von der allgemeinen Heiterkeit, die die innere Leere zumindest eine Zeit lang betäubt. Aber das unvermeidliche Erwachen kommt, und dann hat man Rechenschaft abzulegen: seinen Fehler einzugestehen, sich der Gesellschaft zu stellen und be- oder verurteilen zu lassen. Die Geschichten gehen nicht immer gut aus, oft erscheint der Tod als die einzige Lösung. Gegen sich selbst gerichtete Aggressionen sind eine Reaktion auf tief sitzende Ängste. In den nach dem Krieg entstandenen Novellen ist die Desillusionierung noch ausgeprägter. Zweigs Charaktere haben ihre sozialen Fesseln noch immer nicht gesprengt, sie fühlen sich als Opfer eines blinden, gefährlichen Systems, aus dem es kein Entrinnen gibt. Manche genießen es in gewisser Weise sogar, Spielball des Schicksals zu sein. »Nur Geduld«, tröstet der Arzt in *Clarissa*, »sein eigener Wahn erreicht einen jeden.«

FRAUENGESTALTEN

Auf eine gewisse Art ergreift Zweig Partei für die Frauen. Aufmerksam verfolgt er die ersten Emanzipationsbestrebungen seiner Zeit. Rosa Mayreder, eine der ersten Wiener Frauenrechtlerinnen zu Beginn des 20. Jahrhunderts, plädierte in ihren Essays für die Gleichbehandlung von Mann und Frau. Nicht alle von Zweigs Frauengestalten sind demütig und unterwürfig. Einige ergreifen sogar in der Liebe die Initiative, was allerdings rasch zu einem Kräftemessen zwischen den Geschlechtern führt. Die vollbusige Schöne im Prater, die den Adligen mit verächtlichen Blicken misst, wird dafür gedemütigt *(Phantastische Nacht)*. Der Junge, der nächtlichen Besuch bekommt, ist versucht, den dargebotenen Körper zu züchtigen, statt sich an ihm zu erfreuen *(Geschichte in der Dämmerung)*. Wo die unerfahrenen jungen Frauen ein-

mal recht verwegen sind, nimmt ihnen die direkte Art der Männer schnell den Mut. In *Die Liebe der Erika Ewald* merkt die Heldin bald, dass ihren Freund nur das Sexuelle interessiert. Das macht ihr Angst. »Und darüber legte sich immer dichter die schwarze Wolke der kraftlosen Furcht und der verzweifelten Ergebung.« Sie betet still um Erlösung, um »ein großes, dunkles, schmerzloses Nichts, ein Nichtfühlen und Nichtmehrdenkenmüssen (...)«. Nach einem zweiten, ähnlichen Erlebnis will sie, obwohl noch jung und schön, nichts mehr von der Liebe wissen.

Rosa Mayreder

(1858–1938)

Die Sozialphilosophin, Frauenführerin und Dichterin kämpft mit Leidenschaft für die Rechte der Frau. Sie strebt weniger die Gleichheit der Geschlechter an als vielmehr eine ihre Unterschiede respektierende Harmonie zwischen Mann und Frau. Statt das Individuum zu sexualisieren, müsse, so fordert sie, das Gemeinsame beider Geschlechter, zum Beispiel die Intelligenz, betont werden. Die aus bürgerlichen Kreisen stammende Frau, eine geborene Obermayer, war zuerst Malerin, bevor sie sich für die Rechte der Frauen einsetzte. Sie verkehrt im selben Umfeld wie eine gewisse Alma Mahler. Dort lernt sie auch ihren späteren Mann, den Architekten Karl Mayreder, kennen, der gemeinsam mit Otto Wagner verschiedene Projekte in Wien realisieren wird. 1893 gründet sie den Allgemeinen Österreichischen Frauenverein. Außerdem ist sie Vorsitzende der Frauenliga für Frieden und Freiheit. 1905 veröffentlicht sie ihren ersten Essay, *Zur Kritik der Weiblichkeit,* und 1923 *Geschlecht und Kultur*. Das Ehepaar Mayreder führte eine beispielhafte Ehe, die sich durch gegenseitigen Respekt und Verständnis füreinander auszeichnete.

Linke Seite:
Die Jungfrau
von Gustav Klimt, 1912–1913. Seine Werke haben immer wieder Skandale ausgelöst. Vor allem hat man ihm vorgeworfen, nackte Frauen darzustellen, die sich von ihren Trieben leiten ließen.
Narodni Galerie, Prag.

Unten:
Selbstbildnis, Hand an den Mund gelegt
von Oskar Kokoschka, 1918–1919. Sammlung R. Leopold, Wien.

MÄNNLICHE ROLLEN

Zweig mag zwar Verständnis für die Frauen haben, weitaus nachsichtiger aber zeigt er sich den männlichen Bedürfnissen gegenüber. Die Männer in seinen Werken sind Jäger, die auf Beute aus sind. An ihrer traditionellen Rolle halten sie fest. Die Liebe als solche interessiert sie nicht, es sei denn, sie wird zu einem Hindernis. Die Frau dient lediglich als Spiegel für das männliche Selbstverständnis. In einigen Novellen steht ein Mann im Mittelpunkt, der, weil er die Zurückweisung nicht verkraftet, zum Psychopathen wird. In *Die Mondscheingasse* trifft ein Mann, der von seiner Frau seines Geizes wegen verlassen wurde, diese in einer Kneipe wieder, wo sie als Animiermädchen arbeitet. Zutiefst gedemütigt droht er zum Mörder zu werden. Meist sind es jedoch die Frauen, die aus Liebe leiden und sich deshalb jemandem anvertrauen. »(...) die halbe Wahrheit ist nichts wert, immer nur die ganze. Ich werde alle Kraft zusammennehmen, um nichts gegen mich selbst oder gegen Sie zu verschweigen«, sagt die alte Dame zum Erzähler in *Vierundzwanzig Stunden aus dem Leben einer Frau*.

Für Zweig selbst sind Frauen ein Mittel, ihm über seine Depressionen hinwegzuhelfen. Feste Bindungen lehnt er stets ab, die Welt seiner Gefährtinnen bleibt ihm weitgehend fremd. Nie ermutigt er seine erste Frau, die selbst publiziert, in ihrer Arbeit. Auch dass sie sich durch ihre Arbeit eine gewisse finanzielle Unabhängigkeit bewahren möchte – und sei es nur um ihrer Töchter willen –, interessiert ihn nicht. Lotte Altmann, seine zweite Frau, hält, nicht anders als Friderike, alles Unangenehme von ihm fern. Als seine frühere Sekretärin ist sie ohnehin daran gewöhnt, seinen Anweisungen zu gehorchen. Friderike Zweig äußert später, nach dem Doppelselbstmord, die Vermutung, dass Zweig ähnlich wie Heinrich von Kleist »Gefährtenschaft in den Tod« gesucht habe: »(...) mir wurde furchtbar klar, nur ein Gefährte solcher Todessehnsucht konnte dieses bejahende Verständnis aufbringen.« *(Unrast der Liebe)*

Unten:
Brief einer Unbekannten
Film von Max Ophüls, mit Louis Jourdan und Joan Fontaine, 1948.

Rechte Seite:
Die Windsbraut
von Oskar Kokoschka, 1914. Das Bild thematisiert seine leidenschaftliche Beziehung zu Alma Mahler.
Kunstmuseum Basel.

EHEN OHNE HOFFNUNG

Obwohl Zweig sein Privatleben stets sorgsam abgeschirmt hat, lassen sich in seinen Novellen und Erzählungen gewisse autobiografische Elemente finden, die meisten davon wahrscheinlich in der Novelle *Der Zwang*. Sie spielt während des Krieges und handelt von einem Paar, seinen Auseinandersetzungen und Versöhnungen. Die Geschichte endet mit einer leidenschaftlichen Umarmung. Der Romanschriftsteller und eiskalte Verführer in *Brief einer Unbekannten* trägt vertraute Züge. Die Ähnlichkeit mit Zweig erstreckt sich bis auf die Einrichtung: »(...) es gab da indische Götzen, italienische Skulpturen, ganz grelle, große Bilder, und dann zum Schluß kamen Bücher, so viele und so schöne (...).«

Die Ehe ist, wenn sie vorkommt, ein ziemlich aufgeweichter Begriff: Bestenfalls handelt es sich um eine Wohngemeinschaft. Aufschlussreich ist immer der Auftritt einer dritten Person. In verschiedenen Novellen greift Zweig die Ambivalenz zwischen dem Wunsch nach völliger Hingabe und dem unweigerlich folgenden Sich-Zurückziehen auf. Zu Beginn seiner Beziehung zu Friderike von Winternitz äußert er sich in seinem Tagebuch mehrmals erstaunt darüber, dass er trotz seiner Gefühle für sie eine solche Benommenheit empfindet. Auch Marcelle, seiner Pariser Freundin, gegenüber zeigt er sich wankelmütig. Vielleicht sind die aufregendsten Abenteuer die, die sich in jenem Übergangsbereich zwischen Traum und Wirklichkeit abspielen. Dann braucht es nicht einmal eine bestimme Person, auf die man seine Sehnsüchte übertragen kann. Der arrogante Adlige in *Phantastische Nacht* fühlt sich zu neuem Leben erwachen, als er ein sinnliches Bad in der Menge genießt: »Mit der Lust des Mannes sehnte ich mich in den quellenden Schoß dieses heißen Riesenkörpers hinein (...).«

DIE ANSPANNUNG DES KÖRPERS

Bei allen Eroberungen konzentriert sich die Aufmerksamkeit auf den Körper, das Gesicht wird weitgehend ignoriert. Lediglich die Augen verraten zuweilen mehr oder minder starke Emotionen. Vertrauter ist der Körper deshalb nicht, seine Reaktionen – die nervöse Spannung, die plötzliche Hitze – lassen sich nicht rational erfassen. Die Beschreibung des Äußeren ist immer vage, beschränkt sich auf die manchmal schon fast karikierende Nennung der jeweiligen Vorzüge. Junge Frauen sind im Allgemeinen schlank, ihren Bewegungen ist die neu gewonnene Freiheit anzusehen. Verheiratete oder reife Frauen sind zwangsläufig voll erblüht und haben üppige Formen, die Begehrlichkeiten wecken. Hierin stimmt Zweig mit den gängigen Klischees seiner Zeit überein. In seinen Erinnerungen lässt er sich ausführlich über die damalige Mode aus. Hohe steife Kragen («Vatermörder«), dunkle Röcke und Zylinder für die Herren, Fischbeinkorsett, Rüschen, Röcke und Spitzen für die Damen, dazu die mit Löckchen, Schnecken und Zöpfchen kunstvoll verzierten Frisuren. Er erzählt auch die Familienanekdote von einer Tante, die nach der Hochzeitsnacht in die elterliche Wohnung zurückkehrte und empört berichtete, ihr Angetrauter habe sie zu entkleiden versucht.

Aber zu guter Letzt gerät das Blut in Wallung, wie er es so oft beschrieben hat, die Anspannung weicht, Gesten und Bewegungen werden bestimmter, der Reigen kann beginnen. Im Roman *Ungeduld des Herzens* ist stark von der Behinderung der Heldin die Rede. Dass sie gelähmt ist, macht sie für den jungen Mann zu einem geschlechtslosen Wesen, einer Kameradin, der er ohne Scheu seine Zuneigung zeigen kann. Erst als ihm klar wird, dass sie ihn körperlich begehrt, reagiert er verstört und angewi-

Links:
Adam und Eva
von Gustav Klimt, 1917–1918. Rundungen und ornamentale Verspieltheit versuchen der Sinnlichkeit und dem Verlangen Ausdruck zu geben.
Österreichische Galerie im Belvedere, Wien.

Rechte Seite:
Wasserschlangen
von Gustav Klimt, 1904–1905. Ineinander verschlungene Körper verschmelzen mit den vom Maler häufig verwendeten ornamentalen Motiven.
Österreichische Galerie im Belvedere, Wien.

dert, weil ihm nie der Gedanke gekommen ist, dass auch hässliche oder behinderte Menschen ein sexuelles Verlangen haben könnten. Als die junge Frau sich an ihn klammert und ihn leidenschaftlich küssen will, versucht er sich von ihr zu lösen Doch: »Wie Klammern umpreßten (ihre Hände) von beiden Seiten, ehe ich den Kopf wegwenden konnte, meine Schläfen und rissen mir den Mund von der Stirn nieder an ihre Lippen. So heiß, so saugend und gierig preßten sie sich an, daß die Zähne die Zähne berührten (...).« Aber beim Anblick ihrer auf Krücken sich mühenden Gestalt wird er endgültig die Flucht ergreifen.

VERBOTENE SINNLICHKEIT

»(...) nur jenes letzte Überfließen fehlt mir: der Rausch. Ein bischen bleibe ich immer nüchtern«, schrieb Zweig bereits im März 1903 an Hermann Hesse *(Briefe 1897-1914)*. Zwar hat er damit seine Arbeiten gemeint, doch dürfte die Bemerkung ebenfalls auf einen sehr viel intimeren Bereich zutreffen. Eine gewisse Zurückhaltung ist ihm auch in seinen Novellen zu eigen, nie lässt er sich - bei aller Offenheit - zu simplem Exhibitionismus hinreißen, immer bevorzugt er die Halbton-Malerei, die Untertreibung, das Verhüllende und meidet das Kraftvolle und Derbe. Sein ein wenig altmodischer Wortschatz eignet sich hervorragend zur Wiedergabe entfesselter Leidenschaften. Verzehrendes Feuer, Glut der Leidenschaft, fiebrige Ungeduld, elektrisierte Körper, trunkene Sinne, eine unheilvolle Atmosphäre ... Durch eine Anhäufung von Einzelheiten gelingt es ihm, feinste Empfindungen abzubilden, die kleinsten Erschütterungen von Seele und Körper in ihrer Entstehung und ihrer Entwicklung fest-

Walzer tanzende Miniaturen
Die Figuren schmücken zur Weihnachtszeit den Rathauspark. Victor Tissot schwärmt von einer Musik, die so zart wie Spitzen, voller Heiterkeit, leisem Lachen und lautem Gelächter, voller Arietten und Pirouetten sei.

Die Wohnung der Familie Strauß
Johann Strauß und sein gleichnamiger Sohn waren Rivalen. Großen Erfolg hatten sie beide.

Rechte Seite:
Der Rathauspark
Eine weihnachtliche Szenerie.

KAFFEEHAUS

zuhalten. *Die gleich-ungleichen Schwestern*, eine *Conte drôlatique*, handelt von Zwillingsschwestern, die, in dem Bemühen, sich gegenseitig zu übertreffen, die ganze Skala der Sinnenfreuden und deren Gegenteil durchleben. Die eine entwickelt sich zur Kurtisane, die andere zur Frömmlerin: »Ein sonderbar dioskurisches Zwiegestirn leuchtete nun in den nächsten Monaten über dem staunenden Land, den Sündern sowohl als auch den Frommen zu gleichem Wohlgefallen.« Diese hochmoralische Geschichte führt alle charakterlichen Schwächen vor. Die Heldin der Novelle *Leporella* hingegen ist eine ungebildete, derbe Person, deren stumpfe Sinne erst allmählich erwachen. Das einfältige Dienstmädchen, das weder lesen noch schreiben kann, hängt an seinem Herrn mit einer Art hündischer Liebe. Die fatalen Folgen dieser Leidenschaft lassen nicht lange auf sich warten: Um ihn, wie sie meint, glücklich zu machen, befreit sie ihn von seiner unausstehlichen Frau, indem sie diese tötet.

ZARTE ARABESKEN Verführungsszenen, der Tanz der Begierden, liegen Zweig sehr. Von Geschlechtsakt spricht er nie, höchstens von »menschlicher Körperlichkeit« (*Briefe 1897-1914*, Brief an A. Schnitzler vom 13.12.1909). In seinen Wiener *Tagebüchern* erwähnt er öfter seine »Episoden« mit Frauen und die für ihn erstaunlichen Reaktionen, die er bei ihnen hervorruft. Er sieht dadurch seine Freiheit gefährdet, so als ob er zum willenlosen Spielzeug seiner Triebe würde. »Die

Alfred Kubin
[1877–1959]

Der Mann, der als »österreichischer Goya« bezeichnet wurde, gestaltet in seinem Werk eine makabre Untergangsstimmung. Kubin war nicht nur Zeichner und Lithograf, sondern auch Schriftsteller. Der phantastische Roman *Die andere Seite* ist mit zahlreichen Illustrationen des Künstlers versehen. In seiner Heimat Zwickledt in Oberösterreich schuf er eine traumhafte und von Furcht erregenden Kreaturen bevölkerte Welt. Das Grausame, Makabre in seinem Werk erinnert an bizarre Träume.

Erotik, sie entsetzt mich, weil sie mich nimmt und ich nicht sie. Ich schauere vor meiner eigenen Virtuosität« (*Tagebücher,* Eintrag von Ende Februar 1913). Das Thema Erotik und Sexualität beschäftigt ihn immer wieder. Mit dem Schriftsteller Oscar A. H. Schmitz, dem Schwager Alfred Kubins, diskutiert er viele Male darüber. In einem Brief an Arthur Schnitzler, den er ihm nach Erhalt von dessen neuer Novelle *Frau Beate und ihr Sohn* schreibt, heißt es: »(...) Sie (sind) in so großer Wahrhaftigkeit dem primitiv Sexuellen entgegengetreten, indess die meisten Menschen aus einer merkwürdigen innern Verlogenheit jede ihrer rein sexuellen Empfindungen mit dem Begriff Liebe verbrämen (...)« (*Briefe 1897-1914,* Brief vom 23.05.1913). Nicht nur im damaligen Wien, in ganz Europa sind solche Diskussionen durch den Naturalismus, der sich dieser so lange tabuisierten Fragen annimmt, in Gang gesetzt worden.

Zweig selbst gibt sich übrigens gern betont männlich. Das ist auch Romain Rolland aufgefallen. Friderike Zweig notiert in ihrem Tagebuch, er habe ihr einen vielsagenden Blick zugeworfen, der in etwa besagen wollte: »›(...) *que voulez-vous, c'est un homme, auquel il faut un cigare*‹ (er ist eben ein Mann, und zu einem Mann gehört eine Zigarre)« (zitiert in Prater, *Stefan Zweig*). Carl Zuckmayer erzählt, Zweig sei in Gesellschaft von Frauen nervös geworden und erst unter Männern richtig aufgetaut. Dann habe er sich rege an der Unterhaltung beteiligt und augenzwinkernd »kleine Andeutungen über erotische Erlebnisse« gemacht, »zu denen er aber nie Zeit hatte«. »Stefan Zweig liebte Frauen, verehrte Frauen, sprach gern von Frauen, aber *in the flesh* – es gibt auf deutsch keinen gleichwertigen Ausdruck dafür – ging er ihnen eher aus dem Weg« (zitiert in Renoldner et. al., *Stefan Zweig. Bilder, Texte, Dokumente*). Frauen, die ihn kannten, haben stets seinen unwiderstehlichen Charme, seine dunklen Augen, den melancholischen Blick beschrieben. Sein letztes Werk, die *Schachnovelle,* charakterisiert ihn vielleicht am besten: ein Spieler, der ein paar Figuren bewegt, sich aber nicht festlegen will und ein Remis einem Sieg vorzieht.

JUNG UND ALT

Zweig thematisiert auch den Generationenkonflikt, den sich abzeichnenden Wandel in den Wertvorstellungen. Für den alten Vater in *Untergang eines Herzens* bricht eine Welt zusammen, als er entdeckt, dass sich seine Tochter zu einem sinnlichen, sich ihres Körpers bewussten Geschöpf entwickelt hat. Seitdem er sie zufällig dabei beobachtete, wie sie frühmorgens aus dem Zimmer eines Fremden kam, sieht er in ihr nur noch die attraktive Frau, die den Männern den Kopf verdreht. »So hatte er sie nie gesehen, so aufgezündet von übermütigen Flammen, weiße, fliehende, wehende Flamme selbst mit dem silbernen Rauch des Lachens über dem Lodern des Leibes (...).« Niedergeschmettert muss er erkennen, dass die alten Werte wie Pflichtbewusstsein und harte Arbeit ihre Gültigkeit verloren haben und nur noch das Vergnügen gilt.

Eine ähnliche Enttäuschung erlebt auch eine andere Vaterfigur, ein rührendes

Linke Seite, links:
Porträt von Alfred Kubin
von Rudolf Großmann. Kubin sei imstande, im Untergang der bürgerlichen Welt, von dem jeder, passiv oder aktiv, betroffen sei, die Anzeichen organischer Zersetzung zu erkennen, schrieb Ernst Jünger einmal.

Linke Seite, rechts:
Zweig beim Schachspiel mit einem Freund
(Ende 1930)
In der *Schachnovelle* sind Nerven und Verstand des Spielers zum Schluss so überreizt, dass er Wirklichkeit und Traum nicht mehr auseinanderhalten kann.

Sinnbild für die traditionellen Tugenden der Habsburger Monarchie. Der Vater von *Clarissa*, ein Offizier, hat die Manie, statistische Tabellen über die Armeen der Nachbarstaaten zu erstellen und in einer tadellos geführten Kartothek zu sammeln. Im Laufe der Jahre haben Disziplin und Prinzipienstrenge alle anderen Gefühle verdrängt. Seiner in einer Klosterschule untergebrachten Tochter kann er nichts außer Pflichtgefühl, Gehorsam, Rechtschaffenheit mit auf den Weg ins Leben geben. Und dennoch wird die junge Frau ausbrechen aus der bürgerlichen Norm: Zu Beginn des Krieges verliebt sie sich in der Schweiz in einen Franzosen, von dem sie ein Kind bekommen wird. Und sie weiß: »(...) es gab keine Rückkehr mehr. Es bedeutete, die Brücken hinter sich abzubrechen.«

Rechte Seite:
Judith
Die geheimnisvolle Schönheit mit geschlossenen Augen, gemalt von Gustav Klimt, 1901. Österreichische Galerie im Belvedere, Wien.

RÄTSELHAFTES UNBEWUSSTES

In der Thematisierung von Liebe und Verführung sind Anlehnungen an Dostojewski zu finden. Zweigs Charaktere leben in einem Zustand innerer Anspannung, die sich nicht immer zu lösen vermag. In seinem Essay über den russischen Schriftsteller bemerkt er zu Recht, dessen Gestalten seien getrieben, gepeinigt, fanatisch. Seine eigenen sind diesen ähnlich, auch wenn ihnen das Fieberhafte und das allzu Hochmütige fehlen mag. Zweigs Leistung besteht darin, die Zwischenräume auszuloten und Empfindungen bis ins Unbewusste zurückzuverfolgen (was ihm übrigens auch die Anerkennung Freuds einträgt, der sich in einem Brief vom September 1926 wohlwollend unter anderem über seine Bewältigung des Themas Homosexualität in *Verwirrung der Gefühle* äußert). Sexualität hat in Zweigs Werken nichts Morbides, nichts Krankhaftes: Sie ist Ausdruck tiefer liegender Unruhe.

DER URJÄGER

Casanova wird im gleichnamigen Essay als ewig Ruheloser, als unermüdlich und wahllos nach weiblicher Beute Jagender beschrieben. Wahre Liebe oder Leidenschaft erlebt der italienische Eroberer nicht: Als »Verschwender«, der »ohne Reserven« lebt, bleibt ihm der Überschwang des Gefühls vorenthalten. Casanova, »dieses Leichtherz, dieser Leichtfuß«, übt einen gewissen Reiz auf Zweig aus, der sich gern mit ihm identifizieren würde. Einzig das Alter kann ihn, der sich in unzähligen »Liebesschlachten« bewährt hat, besiegen *(Casanova)*. Dann wird er sein wie alle Männer.

Mit Marcelle, der Putzmacherin aus Paris, hat Zweig eine erfüllte oder, wie er es nennt, »gesunde« sexuelle Beziehung. Die direkte Art der jungen Frau lässt ihm den gewünschten Freiraum. Keine Ausflüchte, kein Zögern und Zaudern, wie er es mit Friderike erlebt, sondern Stunden voller Ekstase, ohne Schuldgefühle, ohne Reue.

Die beiden Frauen sind die Pole in seinem Leben. »Was für ähnliche Figuren, sie und F. was für schöne ernste Gestalten um mein Schicksal, das vor solcher Größe doch im Bewußtsein seiner Biegsamkeit ausweicht (den Hut in der Hand) statt es stark zu umfassen« (*Tagebücher,* Eintrag vom 29.03.1913). Beiden gemeinsam ist das Mütterliche, der »Durst zu leiden«, wie er später in seinem Tagebuch notiert, also der Wunsch, den geliebten Menschen zu umsorgen.

Ein weiteres Thema, das Zweig immer wieder aufgreift, ist die Faszination des Spiels. In dem bereits erwähnten Brief vom September 1926 stellt Freud in einer Analyse von *Vierundzwanzig Stunden aus dem Leben einer Frau* – einer Novelle, die der Beschreibung von Händen sehr viel Platz einräumt – die Verbindung zwischen Onanie und dem Spiel her. Die reife Frau/Mutter möchte den Spieler/Sohn am gefährlichen Spiel/Onanieren hindern. Auch in der *Schachnovelle* gilt das besondere Augenmerk den Händen des Meisters, der, aus Angst zu verlieren, alle Figuren mit einer Handbewegung vom Brett fegt: »Aber Czentovic tat keinen Zug, sondern sein gewendeter Handrücken schob mit einem entschiedenen Ruck alle Figuren langsam vom Brett« *(Schachnovelle)*. Deutliche sexuelle Konnotationen finden sich überall, sogar in der Beschreibung von Landschaften, Städten, Natur: »Mit Blitzen griff der Himmel herab, mit Donner stürzte er auf die Erbebende nieder, und es war in diesem stöhnenden Dunkel ein rasendes Ineinandersinken von Höhe und Tiefe, wie von Geschlecht zu Geschlecht« *(Die Frau und die Landschaft)*. In diesem Licht beschreibt er auch Menschen: »Er spricht mit einem wie eine sinnliche Frau, die Furcht hat sich zu verraten, aus einer Angst vor den (sic) Hingebung«, notiert er über Romain Rolland unter dem Datum vom 23. März 1914 in sein Tagebuch *(Tagebücher)*.

abschied von wien

Zweigs Geburtshaus
Das Eckhaus Schottenring 14 liegt im Börsenviertel.

In der »wunderbar orchestrierten Stadt« erhebt sich »stolz und prunkvoll mit blinkenden Avenuen und blitzenden Geschäften die neue Architektur« *(Die Welt von Gestern)*. In seinen Erinnerungen zeichnet Zweig ein vor Superlativen strotzendes Bild seiner Heimatstadt.

DIE KUNST DER ANGLEICHUNG

Die Liebe zur Kunst, insbesondere zum Theater, nivelliert die sozialen Unterschiede in der Stadt. Auch die jüdische Gemeinde hat sich problemlos angepasst, ja mehr noch: Sie hat entscheidend zur Wiener Kultur beigetragen. Die wenigen Privilegien für bestimmte Schichten werden mit typisch wienerischer Lässigkeit respektiert: »(...) ich erinnere mich zum Beispiel, daß mein Vater es sein ganzes Leben lang vermied, bei Sacher zu speisen, und zwar nicht aus Sparsamkeit - denn die Differenz gegenüber den andern großen Hotels war lächerlich gering -, sondern aus jenem natürlichen Distanzgefühl: es wäre ihm peinlich oder ungehörig erschienen, neben einem Prinzen Schwarzenberg oder Lobkowitz Tisch an Tisch zu sitzen.« Von den politischen Ereignissen schildert Zweig den Beginn der sozialistischen Bewegung und hebt vor allem die erste Arbeiterdemonstration in Wien an einem 1. Mai hervor, die in der Bevölkerung eine - nach seinen Worten unbegründete - Panik auslöste. Bürgermeister Karl Lueger, Führer der antisemitischen Partei, wird als mehr oder weniger harmlos beschrieben: »(...) sein offizieller Antisemitismus hat ihn nie gehindert, seinen früheren jüdischen Freunden wohlgesinnt und gefällig zu bleiben« *(Die Welt von Gestern).* Vielleicht hat Zweig, im Hinblick auf den kommenden Krieg, der die uralte Monarchie spurlos auslöschen sollte, bei der Schilderung jener Epoche bewusst allzu kritische Töne vermieden. Die Auswirkungen der Gründung der deutschnationalen Partei beschönigt er indes nicht, bekennt aber auch, dass seine Generation so beschäftigt mit ihren künstlerischen oder literarischen Ambitionen war, dass sie weder diese gefährlichen Vorzeichen noch die sozialen Probleme bemerkte. Über die anhaltende Arbeitslosigkeit etwa verliert er kein Wort. Im großen Ganzen zeichnet er ein Bild, dessen Idylle in auffälligem Kontrast steht zu den Schrecken der Zeit, in der es entstand, und zu seiner eigenen zutiefst pessimistischen Einstellung.

Karl Kraus (um 1912)
in eleganter Gesellschaft bei einer Theaterpremiere.
Sammlung AKG, Berlin.

Der Graben
In goldenes Licht getauchte Cafés mit roten Samtsofas hat Victor Tissot hier gesehen.

IM SCHOSSE WIENS

In den Vorkriegsnovellen wird die Stadt höchstens beschrieben, wenn es für die Handlung erforderlich ist. Zuweilen werfen die Straßen wie ein Spiegel die Leere im Dasein mancher Personen zurück, zum Beispiel in *Leporella.* Kurze Zeit nach ihrer Ankunft in der Hauptstadt bricht sie zu einem Spaziergang auf. Da sie »immer nur steinerne Wände sah, gelangte sie bloß bis zum Donaukanal; dort starrte sie das strömende Wasser an wie etwas Bekanntes, machte kehrt und stapfte auf demselben Wege (...) wieder zurück«. Hier ist nichts vom Wiener Glanz und Prunk zu spüren, wie Zweig sie in seinen Erinnerungen schildert. Der Ring, der Graben, der Prater, die verschiedenen Bezirke sind schlicht Orte, die seine Charaktere, von ihren Gedanken oder ihren Sehnsüchten geleitet, durchlaufen. In den späteren Werken wie *Clarissa* oder *Rausch der Verwandlung* schildert er eine desillusioniertere Welt, eine, in der der Krieg unübersehbare Spuren hinterlassen hat. Wien gleicht seinen erschöpften, sich selbst fremd gewordenen Helden. Die Liebespaare treffen sich in schäbigen, schmutzigen Absteigen oder fahren in die umliegenden Wälder hinaus. In den Cafés ist es laut, in den Tanzlokalen trostlos, die Straßenbahnen sind überfüllt. Die Menschen irren ziellos umher. Die Sehnsucht nach Zärtlichkeit wird »beschmutzt von der Ärmlichkeit und Erbärmlichkeit« des Zimmers. »Die Luft erdrückt ihr die Lungen, diese dicke, ölige, feuchte, eingesperrte Luft, dieser Dunst von fremder Haut, von fremder Hitze, von fremder Lust« *(Rausch der Verwandlung).*

VON DER NOTWENDIGKEIT DES ABSCHIEDS

Sowohl in seinen Tagebüchern als auch in seinen Briefen an Friderike gibt Zweig dem Leben in der Stadt Wien die Schuld an zahlreichen Wunden. Das Gerede, die Intrigen, sein wachsender Bekanntheitsgrad und die damit verbundenen Verpflichtungen, alles wird ihm lästig. Über Jahre hinweg bieten seine Auslandsaufenthalte einen guten Ausgleich, aber nach dem Ersten Weltkrieg hält er es in Wien nicht mehr aus. 1919 übersiedelt er in das zwei Jahre zuvor erworbene und aufwendig renovierte Haus am Kapuzinerberg in Salzburg. An Victor Fleischer schreibt er: »Es war der glücklichste Gedanke meines Lebens, Wien rechtzeitig zu verlassen (...)« (zitiert in Prater, *Stefan Zweig*). Sein Entschluss erklärt sich zum einen sicherlich aus der verlockenden Abgeschiedenheit des Salzburger Hauses, die ihm ein ungestörtes Arbeiten ermöglicht. So zählen die Salzburger Jahre nämlich auch zu seinen produktivsten. Gerne arbeitet er auf der Terrasse im Garten. Seinen langen Arbeitstag beschließt er für gewöhnlich mit einem Spaziergang, zuweilen in Begleitung von Hermann Bahr, oder mit einer Partie Schach in der Stadt. Trotz des Rückzugs sind oft Freunde zu Gast im »verwunschenen Schlößchen«, wie Friderike es nennt. Sie ist »Hüterin seiner Welt« und hält alles von ihm fern, auch die ungeliebten gesellschaftlichen Verpflichtungen (zitiert in Renoldner et. al., *Stefan Zweig. Bilder, Texte, Dokumente*). Der zweite Grund für seinen Weggang ist die veränderte und schwierige Lage nach dem Krieg, denn der Umgang der Menschen untereinander hat sich verändert, in der Hauptstadt mehr als anderswo. Er verstehe die Menschen nicht mehr, klagt er einmal. Die Entfremdung von Wien begann jedoch bereits viel früher.

Links:
Der Graben (um 1915)
Bereits damals gab es hier exklusive Geschäfte, die zum Teil von so bedeutenden Architekten wie Loos erbaut worden waren.

Rechts:
Stefan und Friderike Zweig
Das Ehepaar Zweig in Trachtenmode vor seinem Haus am Kapuzinerberg.

ABKEHR VON WIEN

Bereits im Frühjahr 1913 notiert Zweig in seinem Tagebuch Bemerkungen wie: »Wien ist ein Sumpf für mich«; »(...) das ganze mehr eine Ausrede Wien zu entfliehen«; »(...) den Ekel vor den Wiener Leuten« *(Tagebücher)*. Der Briefwechsel mit Friderike von Winternitz zeigt, wie sehr ihn die Stadt bedrückt. Sie selbst ist auch kein Stadtmensch, sie liebt nichts so sehr wie die ländliche Stille. »Warum sind Sie in der Stadt?« schreibt sie Zweig in ihrem ersten Brief. »Man sollte fast nie in der Stadt sein. Bei mir hier ist es so schön. Hätten Sie es doch auch so wundervoll« (Brief vom 25. 07. 1912). Bei aller Unzufriedenheit schätzt Zweig jedoch die kulturelle Vielfalt einer Stadt wie Wien oder auch Paris:

Salons, Theater, Cafés und Diners bieten angenehme Unterhaltung. Darüber hinaus führt er anregende Gespräche mit bekannten Zeitgenossen, wie seine Tagebuchnotizen zeigen. Dennoch empfindet er es als Befreiung, dem Wiener Universum entfliehen zu können. »Ich hasse Wien dafür, daß es Dir nicht Dein eigentliches klares Wesen läßt (...)«, schreibt Friderike ihm im März 1914 *(Unrast der Liebe).* Vom berühmten Wiener Leichtsinn ist nichts geblieben. Und wenn doch, dann erscheint er ihm gezwungen und unsäglich frivol. Zweig ist müde, düstere Visionen suchen ihn heim. Immer häufiger spricht er im Zusammenhang mit der Stadt von Fäulnis, von Zersetzung. Die Klischees, wie Hermann Bahr sie einst prägte - die Stadt der Backhendel, der gut aussehenden Fiakerkutscher und der weltberühmten Gemütlichkeit -, sie sind bis zur Unkenntlichkeit verblasst. Vielleicht war Wien schon in Zweigs Jugend nicht mehr das, was es einmal war. Für Menschen wie den Buchhändler Mendel, der einer aussterbenden Spezies angehört, war kein Platz mehr. »(...) der grauenhafte Blutkomet mußte in seinem rasenden Lauf schmetternd hineingeschlagen haben auch in den abseitigen, friedlichen, in diesen alkyonischen Stern seiner Bücherwelt« *(Buchmendel).* Auch in *Die unsichtbare Sammlung* hat die Realität die Leidenschaft eingeholt. Der alte, erblindete Sammler hütet seine Kunstmappen nach wie vor wie kostbare Schätze: Er weiß nicht, dass, um in diesen mageren Zeiten überleben zu können, Frau und Tochter die Kostbarkeiten längst verkauft und durch leere Blätter ersetzt haben.

Mit dem Tod Rilkes 1926 und dem Hofmannsthals drei Jahre später geht die Epoche der reinen Poesie zu Ende. Wien hat sich kaum wahrnehmbar aber unaufhaltsam in das Wien von Gestern verwandelt. Und Zweig wird sich für kommende Generationen in eine Art Wiener Klischee verwandeln. Kurt Tucholsky hat beispielsweise das Porträt einer Frau folgendermaßen formuliert: »(Sie) war nicht mehr so furchtbar jung, ganz allein und schwarzhaarig; sie trug Abend für Abend ein anderes Kleid und saß still an ihrem Tisch und las feingebildete Bücher. Ich will sie ganz kurz beschreiben: sie gehörte zum Publikum Stefan Zweigs. Alles gesagt? Alles gesagt« *(Der schiefe Hut).* Weder durch sein rastloses Umherziehen auf den vielen Reisen noch durch seine Flucht ans Ende der Welt konnte sich der Schriftsteller Zweig von seinen Wurzeln lösen.

Rechte Seite:
Ballsaal mit Tanzpaaren
(Ausschnitt)
von Graf Leopold von Kalckreuth, um 1900.
Kunsthandel, Berlin.

Seite 148-149:
Weihnachtsstimmung am Rathaus

Seite 150-151:
Das Riesenrad bei Nacht

Oben:
Die Votivkirche
Sie erinnert an die Monarchie, weil sie am silbernen Hochzeitstag des Kaiserpaars geweiht wurde.

Rechte Seite:
Eine Straßenbahn
mit Blick auf das Rathaus.

5235

kleiner reiseführer

»wien war, man weiß es, eine genießerische stadt, aber was bedeutet kultur anderes, als der groben materie des lebens ihr feinstes, ihr zartestes, ihr subtilstes durch kunst und liebe zu entschmeicheln?« *(Die Welt von Gestern).*

Auf den Wegen durch seine Geburtsstadt registriert Zweig insbesondere das Leidenschaftliche und das Vergnügliche. Er verweilt jedoch nicht bei einzelnen Details, die er an bestimmten Orten findet, sondern greift in hauchfeinen Nuancen, aus denen er ein wehmütiges Gemälde komponiert, die Atmosphäre der gefühlsgetränkten Luft auf. Spuren dieses Wiens von Gestern gibt es noch, und sie verströmen den unendlichen Charme nahezu unergründlicher Geheimnisse.

Ausflugs-ziele

Oben:
Der Prater
Blick vom Riesenrad.

Unten:
Der Ring

der graben: Sein Name rührt aus der Vergangenheit, denn ehemals handelte es sich um einen mit Wasser gefüllten Stadtgraben. Im Mittelalter wurde er aufgeschüttet und diente danach als Markt- und Handelsplatz. Heute haben sich hier Luxusgeschäfte angesiedelt. In der Mitte des großen Platzes steht eine barocke Pestsäule.

der ring: 1860 wurden die alten Befestigungsanlagen geschleift und ringförmig um den Stadtkern »festliche Häuser« *(Die Welt von Gestern)* errichtet, darunter die Börse, das Parlament, die Akademie der bildenden Künste, die Oper, das Burgtheater, alle in einem erlesenen, der Prachtstraße angemessenen Stil.

baden, bei wien: Die Schwefelquellen der kleinen, etwa zwanzig Kilometer südlich von Wien gelegenen Kurstadt wurden schon von den Römern genutzt. Zahlreiche Kurgäste haben hier Erholung gesucht, darunter auch gekrönte Häupter und berühmte Künstler. »Man sitzt in Cafés und Restaurants überall im Freien, kann sich je nach Belieben unter das heitere Volk der Kurgäste mengen, die im Kurpark dort Korso abhalten oder sich auf den einsamen Wegen verlieren« *(Die Welt von Gestern).* Ein wunderschönes Freilufttheater und ein Casino vervollständigen den idyllischen Ort, über dem Walzer- und Operettenklänge schweben.

mayerling: 1889 wurden im Jagdschloss Mayerling inmitten des Wienerwaldes die Leichen des Kronprinzen Rudolf und seiner Geliebten, Baronesse Mary Vetsera, gefunden. »Wie eine Blume, so wächst auch der Mensch heran und wird gebrochen«, lautet der schlichte Satz auf der Gedenktafel. Kaiser Franz Joseph I. ließ das Schloss abreißen und eine Kapelle errichten, die besichtigt werden kann.

parks

der prater: Schon Mozart besuchte den Prater, wie Eduard Mörike in der Novelle *Mozart auf der Reise nach Prag* erzählt. 1766, als Joseph II. den Park der Öffentlichkeit zugänglich machte, wurden die ersten Cafés und Gasthäuser, aber auch Reitbahnen eröffnet. Es folgten Ausflugslokale, Jahrmarktbuden, Tanzlokale und 1897 das fast 65 Meter hohe, von dem Engländer W. Basset erbaute Riesenrad. Der Prater mit seinen zahlreichen breiten Wegen ist auch ein idealer Ort zum Spazierengehen.

Geöffnet von Mitte Februar bis Ende April
und von Anfang Oktober
bis Mitte November von 10.00 bis 22.00 Uhr;
von Mai bis September
von 9.30 bis 23.00 Uhr;
an den Weihnachtsfeiertagen
von 11.00 bis 18.00 Uhr.

der volksgarten: Er liegt hinter der Hofburg im 1. Bezirk (Innere Stadt). Kleine Bauwerke, darunter eine Nachbildung des Athener Theseion, und Skulpturen, zum Beispiel ein Standbild Kaiserin Elisabeths, schmücken diesen Park. Zweig beschreibt, wie harmonisch Natur und Stadt einander ergänzen: »(...) man fühlte kaum, wo die Natur, wo die Stadt begann, eines löste sich ins andere ohne Widerstand und Widerspruch« *(Die Welt von Gestern)*.

kaffee-

Häuser

»(...) man muß wissen, daß das Wiener Kaffeehaus eine Institution besonderer Art darstellt, die mit keiner ähnlichen der Welt zu vergleichen ist. Es ist eigentlich eine Art demokratischer, jedem für eine billige Schale Kaffee zugänglicher Klub, wo jeder Gast für diesen kleinen Obolus stundenlang sitzen, diskutieren, schreiben, Karten spielen, seine Post empfangen und vor allem eine unbegrenzte Zahl von Zeitungen und Zeitschriften konsumieren kann« *(Die Welt von Gestern).*

Die Vorwahl für Österreich lautet von Deutschland und der Schweiz aus 0043; die Vorwahl für die Schweiz lautet für Deutschland und Österreich 0041.

das central: Das Café hat nichts von seinem früheren Charme verloren. Es liegt im Palais Ferstel, einem nach seinem Architekten (der auch die Votivkirche gebaut hat) benannten Neorenaissancebau. In dem mit Thonet-Stühlen möblierten Café kann man eine Skulptur bewundern, die Peter Altenberg an seinem Tisch sitzend darstellt. Der Kaffeehausliterat und Aphoristiker Altenberg war Stammgast im Central.

1. Bezirk, Herrengasse 14
Tel.: 1/5 33 37 63
Geöffnet im Sommer von 8.00 bis 20.00 Uhr und im Winter von 8.00 bis 22.00 Uhr; sonntags geschlossen.

das bräunerhof: Die Atmosphäre in diesem Café könnte nicht wienerischer sein. Hier trinkt man seinen Kaffee zu Klavier- oder Celloklängen. Der Schriftsteller Thomas Bernhardt war hier Stammgast.

1. Bezirk, Stallburggasse 2
Tel.: 1/5 12 38 93
Geöffnet montags bis freitags von 7.30 bis 19.30 Uhr, samstags von 7.30 bis 18.00 Uhr und sonntags von 10.00 bis 18.00 Uhr.

das sperl: Ein zauberhaftes Fleckchen mit seinen großen Billardtischen.

6. Bezirk, Gumpendorferstraße 11
Tel.: 1/5 86 41 58

das griensteidl: Bis zu seiner Schließung 1897 war das Griensteidl das Hauptquartier der literarischen Gruppe des Jung Wien. 1990 ist das Café wieder eröffnet worden. Die Atmosphäre ist behaglich und stilvoll, aber von der berühmten Hektik dieser Hochburg angespannter Nerven und Gemütsbewegungen, wie Karl Kraus einmal spottete, ist nichts mehr zu spüren.

1. Bezirk, Michaelerplatz 2
Tel.: 1/5 35 26 92
Täglich geöffnet von 8.00 bis 24.00 Uhr.

das museum: Das 1899 von Adolf Loos erbaute Café wurde damals als nihilistisch, aber auch als praktisch und konsequent bezeichnet. Den Beinamen »das nihilistische Café« hat das Museum behalten.

1. Bezirk, Friedrichstraße 6
Tel.: 1/5 86 52 02
Täglich geöffnet von 8.00 bis 24.00 Uhr.

Die Stadt der Kaffeehäuser. »(…) als ich Student war, glich noch jedes Wiener Café, wenn auch mit etwas verrauchten Zügen, auffällig einer platonischen Akademie. Das ist gar nicht spöttisch gemeint: (es ist) die Wiener Begabung, in losen Gesprächen den geringsten Anlaß, irgendein hingeworfenes Wort, (…) zu benützen, um daran unmerklich bis zu den letzten Fragen emporzuklettern (…).« (Hermann Bahr, *Selbstbildnis*)

Schlösser und Palais

Hofburg: »Die kaiserliche Burg war das Zentrum nicht nur im räumlichen Sinn, sondern auch im kulturellen der Übernationalität der Monarchie« *(Die Welt von Gestern).* Die Hofburg umfasst Bauten verschiedener Stilrichtungen. Auch die Spanische Reitschule mit ihren Stallungen und den beiden Hallen (die Winterreitanlage wurde von J. B. Fischer von Erlach gebaut) ist hier untergebracht.

1. Bezirk, Michaelerplatz

Rund um die Hofburg: Die Adelspalais entstanden im 18. Jahrhundert. Alle haben reich verzierte Fassaden mit wunderschön gearbeiteten Frontgiebeln und Balustraden, und an allen kann man kunstvolle Gebälkträger bewundern.

Belvedere: Es gibt zwei: das Untere Belvedere mit dem Museum mittelalterlicher Kunst und dem Österreichischen Barockmuseum sowie das Obere Belvedere mit der Österreichischen Galerie des 19. und 20. Jahrhunderts.

3. Bezirk

Schönbrunn: Schloss und Park vereinen Prunk und Anmut ohne die protzige Prachtentfaltung von Versailles, das Baumeister Fischer von Erlach zu seinen Plänen angeregt hatte. Kaiser Leopold bestand jedoch auf einer schlichteren Variante: Es stand den Habsburgern nicht zu, den Sonnenkönig an Herrlichkeit zu übertreffen. Das große Gewächshaus aus Glas und Metall wurde erst 1883 gebaut.

13. Bezirk, Schönbrunner Schlossstraße

Von links nach rechts:
Treppe in Schloss Schönbrunn, das Palais Ferstel und Zweigs Haus.

Oper und Theater

Burgtheater: »Denn das kaiserliche Theater, das Burgtheater war für den Wiener, für den Österreicher mehr als eine bloße Bühne, auf der Schauspieler Theaterstücke spielten (...)« *(Die Welt von Gestern).* Der Bau vereint unterschiedliche Stilelemente. Er wurde 1888 nach Plänen von Gottfried Semper und Karl Hasenauer errichtet und mit Schillers *Wallenstein* feierlich eröffnet.

1. Bezirk, Dr.-Karl-Lueger-Ring 2
Tel.: 1/5 14 44 41 40

Staatsoper: Den Architektenwettbewerb gewannen Eduard van der Nüll und August Sicard von Siccardsburg. Bei der Einweihung 1865, mit Mozarts *Don Giovanni,* äußerte sich der Kaiser negativ über die Proportionen der Fassade. Aus Verzweiflung über die Kritik beging van der Nüll Selbstmord.

Staatsoper, 1. Bezirk, Opernring 2
Tel.: 1/5 14 44 26 13

Die Oper
Als die Türen sich öffneten, sei ein Aufschrei der Bewunderung durch die Menge gegangen, schrieb Victor Tissot. Nie zuvor habe man einen geräumigeren, schöneren, für Darsteller und Zuschauer zweckmäßiger eingerichteten Saal gesehen.

theater in der josefstadt: Hier bekommt man einen Eindruck davon, was echtes Wiener Theater ist. Unter anderem sind Schnitzlers Stücke hier aufgeführt worden. Zu den Direktoren zählte auch Max Reinhardt.

8. Bezirk, Josefstädter Straße 24–26
Tel.: 1/42 70 03 00

Musik

musikvereinsgebäude: Hier befindet sich der Sitz der Wiener Philharmoniker. Alljährlich wird das Neujahrskonzert aus diesem Saal in die ganze Welt übertragen. Die Nachfrage nach Karten ist so groß, dass sie verlost werden müssen.

1. Bezirk, Bösendorferstraße 12
Tel.: 1/50 58 19 00

wiener konzerthaus: Anlässlich der Eröffnung des Konzerthauses 1913 komponierte Richard Strauß das *»Festliche Präludium op. 61«*.

3. Bezirk, Lothringerstraße 20
Tel.: 1/7 12 12 11

haydnhaus: Mit einem Johannes Brahms gewidmeten Saal. In seinen Erinnerungen erzählt Zweig, er sei Brahms als kleiner Junge vorgestellt worden.

6. Bezirk, Haydngasse 19
Tel.: 1/5 96 13 07
Geöffnet von 9.00 bis 12.15 Uhr und von 13.00 bis 16.30 Uhr.

johann-strauß-haus: Hier lebte der Komponist von rund zweihundert Walzern und Polkas.

2. Bezirk, Praterstraße 54
Tel.: 1/2 14 01 21
Täglich geöffnet außer montags von 9.00 bis 12.15 Uhr und von 13.00 bis 16.30 Uhr.

heurigenlokale: Rings um die Stadt wird hier, wo Wien, zumindest in seinen Liedern, immer Wien bleiben wird, der Heurige, der junge Wein, ausgeschenkt. Ein Kiefernzweig über der Tür kennzeichnet diese Schänken, in denen man auch einheimische Spezialitäten probieren kann. Für Unterhaltung sorgt die nach den Musikern Schrammel so genannte Schrammelmusik, zu der meist eine Geige, eine Zither, eine Gitarre und ein Akkordeon gehören.

Eine kleine Auswahl solcher Lokale:

Graninger (eines der ältesten)
19. Bezirk, Sieveringerstraße 231 in Sievering
Tel.: 1/44 21 10
Täglich geöffnet im Februar, April, Juni, August, Oktober, Dezember außer montags ab 16.00 Uhr.

Fuhrgassl-Huber
(groß und geräumig, mit Gartenwirtschaft)
19. Bezirk, Neustift am Walde, Haus Nr. 68
Tel.: 1/44 14 05
Täglich geöffnet ab 14.00 Uhr.

Oppolzer (auf Touristenbetrieb zugeschnitten, dennoch sehr nette Atmosphäre)
19. Bezirk, Himmelstraße 22 in Grinzing
Tel.: 1/32 02 41 60
Täglich geöffnet außer sonntags von 17.00 bis 24.00 Uhr.

Architektur

rund um Otto Wagner (1841–1918): Wagner gestaltete einige U-Bahn-Stationen im Jugendstil; insbesondere die beiden Häuschen am Karlsplatz (1. Bezirk) sind mit vergoldeten Blumenornamenten verzierte Glas-Metall-Konstruktionen. 1894 wird Otto Wagner künstlerischer Beirat der Wiener Kommission für Verkehrsanlagen.

Ankerhaus: Leichtigkeit und Schwere sind hier durch das Glasdach und die Fassade kombiniert.

1. Bezirk, Graben 10

Schützenhaus: Es hat als einziges Bauwerk die Veränderungen entlang der Donau überstanden. Der Keramikfries kontrastiert mit dem weißen Marmor der Fassade.

Am linken Ufer des Donaukanals.

Majolikahaus: Auf den Dekorfliesen der Fassadenverkleidung ist ein blühender Baum dargestellt.

4. Bezirk, Linke Wienzeile 40

Sezession: Wagners Devise für dieses Gebäude, das gleichsam ein Manifest des Sezessionsstils ist, lautete: »Der Zeit ihre Kunst, der Kunst ihre Freiheit.« Das tempelähnliche Gebäude scheint die künstlerischen Strömungen jener Epoche in sich zu vereinen. Der Architekt und Wagner-Schüler Josef Maria Olbrich hat die wie eine Lorbeerlaube geformte goldene Kuppel entworfen, die damals als »goldener Kohlkopf« verspottet wurde.

1. Bezirk, Friedrichstraße 12

rund um Adolf Loos (1870–1933):

Looshaus:

Das 1911 fertig gestellte Gebäude wurde dadurch bekannt, dass es die Abneigung Kaiser Franz Josephs I. erregte. Der schmucklose, funktionalistische Stil – im Erdgeschoss und im Zwischenstock waren Büros untergebracht, in den Stockwerken darüber Wohnungen – spiegelt perfekt die Architektur der Moderne wider.

1. Bezirk, Michaelerplatz 3

Haus Moller: Dieses 1927-1928 gebaute Haus hat eine besondere Wirkung, durch die spannungsvolle Komposition klarer Formen mit edlen Materialien.

18. Bezirk, Starkfriedgasse 19

Museen

Sigmund-Freud-Museum: Hier empfing Freud bis 1938 seine Patienten. Im rekonstruierten Arbeitszimmer steht auch eine Kopie der berühmten Couch.

9. Bezirk, Berggasse 19
Tel.: 1/3 19 15 96.
Täglich geöffnet von 9.00 bis 17.00 Uhr,
von Juli bis September bis 18.00 Uhr.

Filmmuseum: Eine außergewöhnliche Cinemathek, die alte österreichische Filme zeigt.

1. Bezirk, Augustinerstraße 1
Tel.: 1/53 37 05 40

Haus der Wiener Sezession: Unter der Goldkuppel dieser Ausstellungshalle warten einzigartige Kunstsammlungen auf den Besucher.

1. Bezirk, Friedrichstraße 12
Tel.: 1/5 87 53 07
Geöffnet dienstags bis freitags von 10.00 bis 18.00 Uhr,
samstags und sonntags von 10.00 bis 16.00 Uhr.

konditoreien

demel: Zweihundert Jahre ist Demel Hoflieferant gewesen. Die Konditorei hat sich mit ihrer Einrichtung - dunkler Samt und glänzende Goldverzierungen - und der Auswahl köstlicher Kuchen und Torten, darunter die Sachertorte, ihr charmantes Flair von einst bewahrt. Auch heute noch werden die um die Jahrhundertwende in Wien entworfenen Geschenkschachteln verwendet.

1. Bezirk, Kohlmarkt 14
Tel.: 1/5 35 17 17 39

sluka: Die traditionsreiche Konditorei ist auch heute noch eine der beliebtesten und feinsten Adressen.

1. Bezirk, Rathausplatz 8
Tel.: 1/4 05 71 72

lehmann: In dieser klassischen Konditorei trifft man sich gern auf ein Schwätzchen.

1. Bezirk, Graben 12
Tel.: 1/5 12 18 15

Linke Seite links:
Palais Liechtenstein

Linke Seite rechts:
Wienzeile 30 und 40
Das Majolikahaus und ein weiteres Haus von Otto Wagner mit vergoldetem Stuck an der Fassade und vergoldeten Halbfiguren über der Traufe.

Rechts:
Die Josefstädter Straße
Eine der beliebtesten Wiener Geschäftsstraßen.

bücher und mehr

buchhandlungen

leporello: Der Name erinnert an Leporella, jene Dienerin in Zweigs gleichnamiger Novelle, die aus Liebe zur Mörderin wird. Eine Buchhandlung befindet sich im Burgtheater, sie ist täglich von 17.00 bis 22.00 Uhr geöffnet. Die andere liegt im 9. Bezirk, Liechtensteinstraße 17.

Tel.: 1/3 19 86 12
Geöffnet montags bis freitags von 10.00 bis 18.30 Uhr, samstags von 10.00 bis 13.00 Uhr.

antiquariat gilhofer: Alte Bücher und andere antiquarische Dinge, speziell über Wien.

1. Bezirk, Bognergasse 2
Tel.: 1/5 33 42 85.

das alte foto: Hier bekommt man alte Postkarten.

7. Bezirk, Lindengasse 27
Tel.: 1/5 26 93 95

Sehenswertes

»Der Wiener«, schrieb Hermann Bahr einmal, »geht sich begeistern oder sich entrüsten, wie man baden geht. Wer ihn begeistert, was ihn entrüstet, fragt er nicht. Ihm ist dann jeder, alles recht. Er begeistert sich um der Begeisterung, entrüstet sich um der Entrüstung willen, was man auch daran sieht, daß er einem, über den er sich genug entrüstet hat, dafür zuletzt genauso dankbar ist, als wenn er sich an ihm begeistert hätte« *(Wien)*.

Zweigs Geburtshaus: Auf den Spuren des Wiener Schriftstellers mit der europäischen Seele.

Schottenring 14

Österreichische Nationalbibliothek: Aus der ehemaligen Hofbibliothek wurde 1920 die Nationalbibliothek. Sie ist in einem von Fischer von Erlach und seinem Sohn 1722 bis 1735 errichteten Barockbau untergebracht und nennt Kostbarkeiten wie die Gutenbergbibel und das Stundenbuch Karls des Kühnen ihr Eigen. Der Prunksaal ist mit Säulen, Skulpturen und Marmorarbeiten geschmückt und von einer mit allegorischen Szenen bemalten Kuppel überdacht.

Josefsplatz 1
Tel.: 1/53 41 00

Spanische Reitschule Wien: Hier kann man die Hohe Schule der Reitkunst und die berühmten Lippizaner bewundern.

Hofburg, Josefsplatz
Tel.: 1/5 33 90 31 oder 5 33 90 32.
(www.spanische-reitschule.com)
Geöffnet vom 15. Februar bis 1. Juni, vom 3. August bis 1. Oktober und vom 1. November bis 18. Dezember dienstags bis freitags von 10.00 bis 12.00 Uhr.

Unterhaltsames

Flohmarkt: Den am Naschmarkt, wo Händler aus allen Himmelsrichtungen ihre Stände errichtet haben, sollte man sich nicht entgehen lassen.

Flohmarkt am Naschmarkt
Geöffnet montags und samstags von 7.00 bis 18.00 Uhr.

Auktionshaus Dorotheum: In dieser von Kaiser Joseph I. geschaffenen Einrichtung kann man alle möglichen Gegenstände ersteigern.

1. Bezirk, Dorotheergasse 17
Tel.: 1/51 56 00

Treppenhaus
im Haus Berggasse 19, dem Sigmund-Freud-Museum.

geschäfte

dekostoffe und heimtextilien:
Eine wahre Fundgrube für Stoffe aus Wiener Ateliers.

1. Bezirk, Kärntnerstraße 33
Tel.: 1/51 40 40

gläser:
Bei Kowacek findet man wunderschöne alte Gläser.

1. Bezirk, Spiegelgasse 12
Tel.: 1/5 12 99 54

Links oben:
Die Josefstraße

Links Mitte:
Die Schottenkirche
Im 17. Jahrhundert wurde sie von italienischen Baumeistern renoviert.

Links unten:
Die U-Bahn-Haltestelle Schottentor

Rechts oben:
Blick in die Universität

österreichische fremdenverkehrswerbung:

Deutschland

Postfach 70 15 80
D-81315 München
Tel.: 0 89/66 67 01 00

Schweiz

Postfach
CH-8036 Zürich
Tel.: 1/4 51 15 51

wiener tourismusverband:

Obere-Augarten-Straße 40
A-1020 Wien
Tel.: 1/21 11 42 22
Fax.: 1/2 16 84 92
www.info.wien.at

register

Verzeichnis der Personen

Die *kursiven* Ziffern verweisen auf Bildlegenden.
Die **fettgedruckten** Ziffern verweisen auf Exkurse.

Orts- und Sachregister

Verzeichnis der literarischen Werke (Werke anderer Autoren sind ausgewiesen)

bibliografie

Werke Stefan Zweigs
Amerigo. Fischer, Frankfurt/M. 1999.
Der Amokläufer. Fischer, Frankfurt/M. 1984.
Angst. Fischer, Frankfurt/M. 1997.
Die Augen des ewigen Bruders. Insel, Frankfurt/M. 1992.
Balzac. Fischer, Frankfurt/M. 1990.
Begegnung mit Büchern. Fischer, Frankfurt/M. 1983.
Ben Jonson's ›Volpone‹ und andere Nachdichtungen und Übertragungen für das Theater. Fischer, Frankfurt/M. 1987.
Brasilien – Land der Zukunft. Fischer, Frankfurt/M. 1990.
Brief einer Unbekannten. Fischer, Frankfurt/M. 1996.
Buchmendel. Fischer, Frankfurt/M. 1990.
Castellio gegen Calvin oder Ein Gewissen gegen die Gewalt. Fischer, Frankfurt/M. 1987.
Clarissa. Fischer, Frankfurt/M. 1981.
Drei Dichter ihres Lebens. Casanova, Stendhal, Tolstoi. Fischer, Frankfurt/M. 1981.
Drei Meister. Balzac, Dickens, Dostojewski. Fischer, Frankfurt/M. 1981.
Erstes Erlebnis. Vier Geschichten aus Kinderland. Fischer, Frankfurt/M. 1976.
Europäisches Erbe. Fischer, Frankfurt/M. 1981.
Brennendes Geheimnis. Fischer, Frankfurt/M. 1987.
Geheimnis des künstlerischen Schaffens, Das. Fischer, Frankfurt/M. 1984.
Geschichte eines Unterganges. Fischer, Frankfurt/M. 1993.
Die Heilung durch den Geist. Mesmer, Mary Baker-Eddy, Freud. Fischer, Frankfurt/M. 1986.
Joseph Fouché. Bildnis eines politischen Menschen. Fischer, Frankfurt/M. 1981.
Der Kampf mit dem Dämon. Hölderlin, Kleist, Nietzsche. Fischer, Frankfurt/M. 1982.
Das Lamm des Armen und andere Dramen. Fischer, Frankfurt/M. 1984.
Magellan. Der Mann und seine Tat. Fischer, Frankfurt/M. 1983.
Maria Stuart. Fischer, Frankfurt/M. 1996.
Marie Antoinette. Bildnis eines mittleren Charakters. Fischer, Frankfurt/M. 1992.
Meisternovellen. Fischer, Frankfurt/M. 2000.
Menschen und Schicksale. Fischer, Frankfurt/M. 1994.
Montaigne. Fischer, Frankfurt/M. 1995.
Phantastische Nacht. Fischer, Frankfurt/M. 1987.
Novellen. Fischer, Frankfurt/M. 1988.
Praterfrühling. Fischer, Frankfurt/M. 1996.
Rahel redet mit Gott. Fischer, Frankfurt/M. 1990.
Rausch der Verwandlung. Fischer, Frankfurt/M. 1982.
Auf Reisen. Fischer, Frankfurt/M. 1993.
Rhythmen. Fischer, Frankfurt/M. 1983.
Romain Rolland. Der Mann und das Werk. Fischer, Frankfurt/M. 1987.
Silberne Saiten. Fischer, Frankfurt/M. 1989.
Schachnovelle. Fischer, Frankfurt/M. 1995.
Über Sigmund Freud. Fischer, Frankfurt/M. 1998.
Sternstunde der Menschheit. Vierzehn historische Miniaturen. Fischer, Frankfurt/M. 1997.
Vierundzwanzig Stunden aus dem Leben einer Frau. Fischer, Frankfurt/M. 1995.
Tersites. Jeremias. Fischer, Frankfurt/M. 1983.
Triumph und Tragik des Erasmus von Rotterdam. Fischer, Frankfurt/M. 1981.
Ungeduld des Herzens. Fischer, Frankfurt/M. 1981.
Verwirrung der Gefühle. Fischer, Frankfurt/M. 1983.
Die Welt von Gestern. Erinnerungen eines Europäers. Fischer, Frankfurt/M. 1992.
Die schlaflose Welt. Fischer, Frankfurt/M. 1983.
Wondrak. Der Zwang. Zwei Erzählungen gegen den Krieg. Fischer, Frankfurt/M. 1994.
Zeiten und Schicksale. Fischer, Frankfurt/M. 1990.

Briefwechsel
Beck, Knut (Hg.): *Briefe 1897–1914*. Fischer, Frankfurt/M. 1995.
Ders.: *Briefe 1914–1919*. Fischer, Frankfurt/M. 1998.
Ders.: *Briefe 1920–1931*. Fischer, Frankfurt/M. 2000.
Prater, Donald u. a. (Hg.): *Briefwechsel mit Helmut Bahr, Sigmund Freud, Rainer Maria Rilke und Arthur Schnitzler*. Fischer, Frankfurt/M. 1987.

Gesamtausgaben
Beck, Knut (Hg.): *Ausgewählte Werke*. Fischer, Frankfurt/M. 1998.
Ders.: *Gesammelte Werke, 5 Bde (Kassette 3)*. Fischer, Frankfurt/M. 1983.
Ders.: *Gesammelte Werke, 5 Bde (Kassette 4)*. Fischer Frankfurt/M. 1984.
Ders.: *Gesammelte Werke, 6 Bde (Kassette 6)*. Fischer Frankfurt/M. 1990.
Ders.: *Tagebücher*. Fischer, Frankfurt/M. 1984.

Literatur über Stefan Zweig
Haenel, Thomas: *Stefan Zweig. Psychologe aus Leidenschaft*. Droste Verlag, Düsseldorf 1995.
Müller, Hartmut: *Stefan Zweig*. Rowohlt, Reinbek 1988.
Pollak, Michael: *Wien 1900. Eine verletzte Identität*. Universitätsverlag, Konstanz 1997.
Prater, Donald u. a. (Hg.): *Stefan Zweig. Leben und Werk im Bild*. Insel, Frankfurt/M. 1981.
Renoldner, Klemens u. a. (Hg.): *Stefan Zweig. Bilder, Texte, Dokumente*. Residenz, Salzburg 1997.
Schorske, Carl E.: *Wien. Geist und Gesellschaft im Fin de siècle*. Frankfurt/M. 1982.

Bildnachweis

(o = oben, u = unten, r = rechts, l = links, m = Mitte)
© ADAGP Paris, 2000: 8 l, 23 u, 127, 131, 133.
© AKG Paris: 7, 8 m, 9 l, 19 om, 19 or, 19 ul, 20, 21, 23 u, 25 ur, 25 ul, 27, 30, 31 r, 37, 38 r, 39, 40 o, 40 u, 41, 50, 57, 58, 59, 60, 61, 72, 73 u, 74, 75 l, 78, 79 o, 79 r, 90, 91 l, 101, 114, 122 r, 123, 124, 127, 128 r, 130, 131, 133, 134, 135, 138 l, 141, 144 l, 145 l, 147.
© AKG/Jerome da Cunha: 94 r, 100.
© AKG/Paul Almasy: 26 u.
© Berlin, Ullstein Bilderdienst: 18 o, 145 r.
© Bridgeman Art Library: 8 l, 10 r, 38 l, 75 r, 103, 125, 129.
© Christophe L.: 73 or, 89, 94 ol, 94 ul, 95.
© Cinestar: 73 ol, 73 ml, 132 o.
© London, Privatsammlung: 28 l, 102, 138 r.
© Alle Rechte vorbehalten: 8 m, 19 ul, 138, 147.
© Photothèque Hachette/Vérascope Richard: 113, 128 l, 144 r.
© Photothèque Hachette: 19 ol, 22, 25 um, 26 o, 29, 40 m, 79 u.
© Donald Prater: 28 r.
© Wien, Wiener Stadt- und Landesbibliothek: 31 l.
© Rue des Archives: 132 u.
© Wien, Dokumentationsstelle für neuere österreichische Literatur: 11, 18 u, 23 o.
© Wien, Fotostudio Setzer-Tschiedel: 52.
© Wien, Österreichische Nationalbibliothek: 24, 51.
© Salzburg, Literaturarchiv: 25 o, 143.
© Wien, Stefan-Zweig-Archiv: 9 r.
© Zürich, Williams Verlag AG: 4, 8 r, 10 l, 91 m, 122 l.

Danksagung

Wir danken der Association Stefan Zweig und insbesondere Pascal Chapuis (6, Rue de l'Ouest, F - 92200 Nanterre) sowie Otto Wolf, Christian Schöndorfer, Gérard de Cortanze und Jutta Perisson vom Institut Culturel Autrichien in Paris.

Impressum

Die Deutsche Bibliothek - CIP Einheitsaufnahme
Ein Titeldatensatz für diese Publikation ist bei
Der Deutschen Bibliothek erhältlich

Aus dem Französischen übersetzt von Sylvia Strasser
Die Originalausgabe erschien unter dem Titel *Stefan Zweig et Vienne*
2000 bei Editions du Chêne - Hachette Livre, Paris
Text von Catherine Sauvat. Fotos von Hélène Moulonguet

Satz: Fotosatz Ressemann, Hochstadt
Printed in France
ISBN 3-8067-2873-9